Cervantes

Un escritor en busca de la libertad

Colección dirigida por

Francisco Antón

Cubierta: Estudi Colomer

Primera edición, 2005
Primera reimpresión, 2005

Depósito Legal: B. 36.093-2005
ISBN: 84-316-7840-2
Núm. de Orden V.V.: U-461

Editorial VICENS VIVES. Avda. de Sarriá, 130. E-08017 Barcelona.
Impreso por Gráficas INSTAR, S.A.

Eduardo Murias de Aller
Antonio Rey Hazas

Cervantes

Un escritor en busca de la libertad

Vicens Vives

Con el pie en el estribo...

Excelentísimo Señor conde de Lemos:[1]

Aquellas coplas antiguas, que fueron en su tiempo celebradas, y comienzan con el verso "Puesto ya el pie en el estribo...", quisiera yo que no vinieran tan a pelo en esta mi carta, porque casi con las mismas palabras la puedo comenzar, diciendo:

Puesto ya el pie en el estribo,
con las ansias de la muerte,
gran señor, ésta te escribo.

Y es que este vuestro servidor se muere para siempre. El hilo se rompe, la vela se consume y la nave va... Ya no me sostengo en pie, señor, y recostado en el lecho, apenas me quedan pulsos para escribiros la dedicatoria de mi último libro, que se titula *Los trabajos de Persiles y Sigismunda*. Confío en que, con vuestra ayuda y generosidad, vea la luz para entretenimiento de los que gozan con la lectura de aventuras

5

y viajes, pues hay en él navegaciones, naufragios, desembarcos en islas remotas, piraterías, desafíos, raptos, cautiverios, fugas, mancebos que se disfrazan de muchachas y hermosísimas doncellas vestidas de mozo; y como hilo que ensarta tantos sucesos insólitos, el amor más grande de una pareja que, al fin, se encuentra y se casa en Roma.

Quisiera, señor, que Dios me concediera algunos meses más de vida para corregir y pulir el libro, que he rematado con muchas prisas, porque el tiempo es breve, las ansias crecen y las esperanzas menguan. Ayer vino fray Francisco a confesarme y darme la comunión, el alimento para el largo viaje, aunque más que viaje, de esta a la otra vida lo que hay es gran salto. El fraile encendió una vela, roció el aposento con agua bendita para librarme del Maligno y me dio la extremaunción: untó su dedo pulgar en aceite sagrado y trazó la señal de la cruz sobre mi frente, ojos, oídos, nariz, boca y pies.

—*Kyrie, eleison.*

—Señor, ten piedad —contestaron a coro las mujeres de la casa.

La figura de la muerte, en cualquier traje que venga, siempre es fea y espantosa, aunque a mí la verdad es que ya no me asusta, porque tengo bien ajustadas mis cuentas con Dios y con los hombres.

Apenas había salido el fraile, cuando entró el doctor. Miró, olió y remiró mi orina, y salió del aposento muy pensativo. Ya en la puerta de la calle oí cómo le decía a mi esposa Catalina que mis horas estaban contadas:

—No más de veinticuatro, señora.

Y luego oí llantos y rezos de las mujeres de la casa.

Pero amaneció el nuevo día y aún sigo en este mundo, porque, a pesar de la enfermedad, es muy grande el deseo que tengo de vivir.

La última vez que vine de Esquivias,[2] el pueblo de mi mujer, me alcanzó en el camino un estudiante vestido de pardo y, al enterarse de que yo era el autor de *Don Quijote de la Mancha*, se bajó de la mula, me agarró la mano y me dijo con entusiasmo:

—¡Vuesa merced es el manco sano, el famoso de los pies a la cabeza, el escritor alegre, el regocijo de las musas!

Así que con esa gran fama, pero pobre y más hinchado de agua que de vanidad, me voy a la sepultura. A causa de la hidropesía,* pa-

dezco una sed insaciable, tanta que soy una esponja, bebo un Danubio cada día, aunque orino menos que agua lleva el Manzanares, por lo que tengo el vientre hinchado.

—¡Agua! ¡Agua! —grito a todas horas. Y al instante viene mi esposa Catalina con otra jarra.

Hace semanas que el doctor me ha avisado de que mi enfermedad no la sanará toda el agua del mar océano que dulcemente bebiese. Pero ahora me doy cuenta de que toda mi vida andariega no ha tenido más propósito que el de aplacar una sed interior que con nada hallaba satisfacción duradera.

Hoy es lunes, diecinueve de abril de 1616. He oído la algarabía de los pájaros al amanecer y luego he contemplado con embeleso la luz del nuevo día. ¡Esta luz de Madrid en abril, tan clara y tan alta! A más tardar, mis pulsos acabarán su carrera el domingo. Si por un milagro me diese el cielo más vida, le dedicaré a Vuestra Excelencia otras obras mías, pero, si no, sepa que tuvo en mí un criado tan aficionado de servirle, que quiso mostrarle esta intención más allá de la muerte.

Miguel de Cervantes Saavedra

Crónica familiar

La primera vez que firmé con el nombre de Miguel de Cervantes Saavedra no fue en un libro, sino en una solicitud de 1590 al Consejo de Indias en la que pedía que se me concediera un cargo en Guatemala o Perú con el que remediar mis estrecheces. Me denegaron el cargo, pero en adelante mantuve siempre el apellido Saavedra, que había tomado prestado de mi pariente cordobés Gonzalo Saavedra, con el que tiempo atrás había huido de España para que la justicia no me cortara la mano derecha. Hasta entonces había llevado con naturalidad los apellidos de mi padre, Rodrigo, y de mi madre, Leonor. En la pila bautismal de Santa María la Mayor de Alcalá de Henares, el cura dijo al bautizarme:

–Miguel de Cervantes Cortinas, yo te bautizo en el nombre del Padre, del Hijo y del Espíritu Santo…

Eso fue el 9 de octubre de 1547 y yo tan sólo contaba unos días, pues, como muchos recién nacidos apenas sobreviven un mes, siempre se los bautiza cuanto antes para que suban derechos al cielo. De hecho, el mayor de mis hermanos, Andrés, murió a poco de nacer, en 1543. Luego vinieron Andrea y Luisa. Yo fui el cuarto hijo que mi madre alumbró. Tres años más tarde nació Rodrigo, y luego Magdalena. Muchas bocas que alimentar en casa de un médico cirujano, que era el peor oficio para vivir en Alcalá, pues había en la universidad dos mil estudiantes de medicina, y el de cirujano era el grado más bajo de esos estudios. El que haya leído mi novela *El coloquio de los perros*, entenderá por qué el perro Berganza dice algo así:

—O esos dos mil médicos tienen enfermos que curar (y entonces habría una gran plaga) o se han de morir de hambre.

Como en Alcalá no había plaga alguna, y además los médicos cirujanos sólo se dedican a componer algún hueso roto o a curar alguna que otra herida, mi padre apenas ganaba para alimentarnos. Era sordo desde niño, y aunque entendía todo y se hacía entender por señas y con sonidos algo oscuros, su sordera no le favorecía en el oficio. Mi padre había conocido de niño la prosperidad de la casona de los Cervantes de la calle de la Imagen, en el corazón del barrio judío: mesa abundante, criados, fiestas… Se aficionó a tocar la viola y a montar a caballo, pero el esplendor de la familia acabó yéndose a pique y con él la vida regalada de mi padre.

El abuelo, Juan de Cervantes, muy viajero y con algunos cargos de importancia, dejó a la abuela y a los hijos en Alcalá y se fue a vivir a Córdoba, donde se instaló en una casa rica, con tres esclavos, una criada y una amante. Se dedicó a los negocios y ejerció de abogado de la Inquisición,[3] así que poca sangre judía debía tener, por más que las malas lenguas lo acusaran de converso.* No sólo no asistió a la boda de su hijo Rodrigo, sino que ni siquiera contestó a la carta en la que mi padre le comunicaba su próximo matrimonio con Leonor Cortinas. La boda, en todo caso, no fue muy lucida, entre otras cosas porque la familia de mi madre no veía con buenos ojos aquel matrimonio. Los Cortinas eran de Arganda,[4] tenían tierras de labranza y consideraban que un cirujano sordo y sin recursos era un mal partido. Mi madre sabía leer y escribir, cosa rara entre las mujeres, y de ella recuerdo los cuentos maravillosos que nos leía.

A primeros del año 1551, mi padre y su hermana María vendieron la casona familiar de Alcalá y subieron con toda la familia, muebles y bultos en una carreta alquilada camino de Valladolid. Cuarenta leguas* de viaje y, a mitad de camino, la fría sierra de Guadarrama, que estaba nevada y batida por un airecillo helado que se colaba dentro de la lona de la carreta. Ese primer viaje debió de curtirme y aficionarme para siempre a la vida andariega.

En aquel tiempo Valladolid era la capital del reino y la más rica e importante ciudad de Castilla. El emperador Carlos V[5] paraba poco en la capital, pero en torno a la corte bullía un enjambre de gentes de las que un cirujano podía extraer su clientela. La ciudad tenía treinta y cinco mil habitantes y, según un viajero holandés, el nombre que mejor le cuadraba era *Palladolid*, porque en sus calles abundaban "pícaros, putas, pleitos, polvo, piedras, puercos, perros, piojos y pulgas". Nosotros ocupamos el piso bajo de un casa en el barrio de Santi Spiritu, y allí abrió consulta mi padre.

Pero las cosas no le fueron bien. Un malhadado día llamaron a la puerta unos alguaciles y, tras mostrar una orden de arresto por impago, embargaron todas las pertenencias de mi padre y se lo llevaron a la cárcel. En fin, préstamos, embargos, cárcel y viajes formarían parte del destino familiar de los Cervantes. La necesidad nos convirtió en nómadas.

Fracasado el intento de mi padre de establecerse en Valladolid, regresamos a Alcalá apenas transcurridos dos años. A partir de entonces, mi padre ejerció su oficio en muchos lugares de Castilla y Andalucía, y, después de quince años de andar de acá para allá, vino a asentarse para siempre en Madrid.

Desde que Felipe II había decidido en 1561 fijar la corte en la Villa de Madrid, a su amparo y revuelo llegaban de todas partes muchos necesitados y aspirantes a la buena vida, creyendo que donde estaba el Rey ataban los perros con longaniza.

Esto fue en 1566, el año en que yo compuse mis primeras poesías, aunque por entonces mi verdadera vocación era el teatro, ya que de muchacho había visto representar al gran Lope de Rueda,[6] que fue vecino de mi padre en el barrio sevillano de San Miguel. Antes de hacerse comediante, Lope de Rueda era batihoja en una platería, uno de esos que con un martillito convierten en láminas finísimas el oro y la plata. Tras dejar el oficio, se dedicó a ir por los pueblos representando comedias y pasos* o entremeses de bobos, negros, rufianes,* vizcaínos, criadas y mozas gritonas que hacían reír mucho porque ponían al descubierto las trampas del mundo y la estupidez de la gente. Muy gracioso era el titulado *La tierra de Jauja*, donde dos ladrones engañan y roban a un infeliz mientras le cuentan fabulosas historias de un país en el que los hombres cobraban por dormir y recibían duros castigos por trabajar, los árboles daban buñuelos, las calles estaban empedradas de pasteles y yemas de huevo y los dos ríos del pueblo manaban uno leche y otro miel. Por entonces, una compañía de cómicos eran un hombre, su mujer y un mozo, un carro tirado por un asno para ir de un pueblo a otro, una manta vieja que servía de telón y un arca con una barba de viejo, cuatro cayados, dos máscaras, tres disfraces y unas alegres castañuelas. Con tan pocos bártulos los tres comediantes se bastaban para hacer muchos papeles y ofrecer su fiesta sobre un escenario de seis tablas puestas sobre cuatro bancos.

Una cuchillada mía hirió a mi rival, que resultó llamarse Antonio de Segura, maestro de obras. La justicia me buscó, y yo escapé por pies a Sevilla. Allí supe que su señoría el juez me había condenado en rebeldía a diez años de destierro y a cortarme la mano diestra:

«En la Villa de Madrid, a 15 de setiembre de 1569, ordeno al alguacil Juan de Medina prenda y meta en prisión al estudiante Miguel de Cervantes...».

Con un antiguo músico y bailarín de la compañía de Lope de Rueda que se alojaba en la casa de mi padre me fui a Madrid. Este comediante se llamaba Alonso Getino de Guzmán y tuvo la fortuna de recibir el encargo de preparar unas fiestas para celebrar el nacimiento de la infanta Catalina Micaela, la segunda hija de Su Majestad Felipe II.[7] Levantó en las calles unos arcos triunfales con unos medallones en los que estaban escritos versos de poetas, y en uno de esos medallones colocó un soneto mío que empezaba diciendo:

> *Serenísima reina, en quien se halla*
> *lo que Dios pudo dar al ser humano…*

Esto fue ya en octubre de 1567. Tenía yo veinte años y llevaba la vida borrascosa de un mozo sin oficio ni beneficio, entregado a amoríos, partidas de cartas en los garitos* y tertulias literarias en las tabernas. Mi salvación, como la de tantos, estaba en encontrar un cargo en la Corte, pero había muchas moscas para tan poca miel. La villa de Madrid tenía entonces doce parroquias y unas treinta y cinco mil almas, y era un auténtico hervidero que crecía de manera sucia y revuelta, pues no había casas para alojar a tantos oficinistas, empleados y aspirantes a serlo, aunque se construían muchas, y no quedaba en pie un árbol de los alrededores. Mi padre fue uno de los llamados a disfrutar de tanta riqueza invisible, y ya hasta el final de sus días anduvo metido en negocios que pocas veces acababan bien. Murió mi abuela de Arganda, mi madre heredó las tierras y mi padre las empeñó y las gastó. Mi hermana Luisa se metió a monja carmelita y mi hermana mayor, Andrea, que había tenido en Sevilla una hija ilegítima, encontró un nuevo protector en un mercader italiano que frecuentaba la casa. Las mujeres de la familia Cervantes no fueron más afortunadas que los hombres.

Con casi veintiún años cumplidos, lo que me convertía en un viejo para mis compañeros de pupitre, me dio por hacerme estudiante en el Estudio de la Villa, una suerte de universidad menor. Asistí durante meses a las clases del gran maestro Juan López de Hoyos,[8] que en seguida me cobró aprecio y me tuvo por amantísimo discípulo suyo. Leyó mis versos garcilasistas,[9] que le parecieron de "bien elegante estilo"

y con "delicados conceptos". Y sobre todo me aconsejó que escribiera una epístola* con ocasión de la muerte de la reina Isabel de Valois y se la dedicara al Cardenal Espinosa, por entonces Presidente del Consejo de Castilla y del Consejo de la Inquisición, mano derecha de Felipe II y, por ello, el hombre más poderoso de España después del rey. Así lo hice, y de manera harto esmerada y elogiosa, con versos elegantes y medidos, en busca de su mecenazgo,* bien aconsejado por mi maestro, que era uno de sus protegidos. Sin embargo no logré mi propósito, y no por falta de méritos, sino a causa de la mala fortuna, que desde entonces hubo de acosarme sin descanso.

Pero mi vida de estudiante fue corta. Tuve que salir de Madrid antes de que la justicia me llevara la mano derecha, como ya dije, por culpa de un lance nocturno como había tantos en Madrid: dos palabras de más, desafío, espadas fuera, estocada va y estocada viene.

Una cuchillada mía hirió a mi rival, que resultó llamarse Antonio de Segura, maestro de obras. La justicia me buscó, y yo escapé por pies a Sevilla. Allí supe que su señoría el juez me había condenado en rebeldía a diez años de destierro y a cortarme la mano diestra:

«En la Villa de Madrid, a 15 de setiembre de 1569, ordeno al alguacil Juan de Medina prenda y meta en prisión al estudiante Miguel de Cervantes...».

Soldado en Italia

Italia, hermoso país, paraíso de la vida libre del soldado. Días antes de la Navidad llegué a Roma, reina de las ciudades y señora del mundo. Visité sus templos, adoré sus reliquias y admiré su grandeza: las ruinas antiguas y los despedazados mármoles, las derribadas termas,* las plazas y los palacios, las calles y los puentes sobre el Tíber, los magníficos edificios del Vaticano y las pinturas gloriosas del divino Miguel Ángel en la bóveda de la capilla Sixtina.[10]

¿Y qué decir de Florencia?, cuna del Renacimiento, bellísima ciudad que atrae a todos por su limpieza, sus suntuosos edificios, fresco río y apacibles calles; o de Venecia, ciudad única y de infinita riqueza, cuyas calles son todas de agua, o de Nápoles, la mejor ciudad del mundo, en opinión de todos cuantos la han visto.

Tras vivir en Italia resulta imposible olvidar a las genovesas de rubios cabellos, las buenas comidas en las hosterías o el aroma de los vinos. Las novelas de Boccaccio, los versos de Dante, los sonetos amorosos de Petrarca,[11] la dulce lengua italiana. ¡La alegría y la libertad de Italia…!

España mi natura,
Italia mi ventura.

A poco de llegar a Roma entré al servicio del noble señor Julio Acquaviva,[12] que sólo tenía un año más que yo, pero estaba a punto de ser ordenado cardenal. Tuve que escribirle a mi hermano Rodrigo para que me enviara desde Madrid un certificado de que yo no descendía de judíos ni de moriscos, ni era hijo bastardo, porque la limpieza de sangre se mira mucho para cualquier puesto, incluso para ser ayuda de cámara. ¿No era limpio y honrado el linaje de los Cervantes? Pues había que espulgarlo. Pero no hay linaje en el mundo, por bueno que sea, que no tenga sus dimes y diretes. La abuela Leonor de Torreblanca, que había conocido tiempos mejores cuando aún no la había abandonado y olvidado su marido, mi abuelo Juan de Cervantes, solía repetir:

—Dos linajes solos hay en el mundo, que son tener y no tener.

Pues yo fui siempre del segundo, porque no tenía un maravedí.* La honra va unida a la riqueza, de modo que el pobre, si es que el pobre puede ser honrado, ha de buscar su honra en la mujer honesta, lejos de todos los vicios.

Siempre leía todo lo que caía en mis manos, aunque fuesen los papeles rotos que encontraba en la calle, por eso me alegró comprobar que el cardenal Acquaviva disponía de una nutrida biblioteca en la que descubrí los mejores escritores de la literatura italiana: Dante, Boccaccio, Ariosto. El oficio de criado no estaba hecho para mí, porque cercenaba mi libertad y yo no sabía lisonjear;* así que a la menor oportunidad abandoné el trabajo y me lancé a ver mundo. La llegada de mi hermano Rodrigo a Nápoles me decidió a seguirle en la vida libre del soldado… ¿Había otra mejor? Entonces yo no sabía nada del frío que padecen los centinelas, del hambre de los asedios, el peligro de los asaltos, la antipatía y soberbia de algunos capitanes, la paga miserable que se cobra tarde o nun-

ca, el espanto de las batallas y el peligro de tener la muerte tan cerca. Y si el soldado escapa vivo de los trances de la guerra, raro será que no salga con vendas en la cabeza o con un balazo que le arrebató un brazo o una pierna. Y aunque salga sin un rasguño, seguirá tan pobre como antes.

En aquellos tiempos, la milicia se había vuelto una profesión más peligrosa que nunca, pues ya se alejaban aquellos siglos heroicos en que los soldados se batían siempre cuerpo a cuerpo y espada en mano. Comenzaban a imponerse la artillería, los arcabuces* y otras diabólicas armas de fuego, con las que era posible matar desde lejos sin ni siquiera mancharse las manos de sangre. El ejercicio de las armas acentuaba sus riesgos, pero seguía siendo un oficio necesario y honroso, pues sin él no era posible defender los reinos, sustentar las leyes, asegurar los caminos ni despejar los mares de corsarios.*

Por esas razones, en julio dejé el palacio romano del joven cardenal, y me reuní con mi hermano en Nápoles para alistarme de arcabucero en la compañía del capitán Diego de Urbina.

–¿Nombre?

–Miguel de Cervantes.

–¿Edad?

–Veintitrés años.

Hice el juramento, firmé la inscripción y me vestí el uniforme de *papagayo*.

«Ya tienes el amo más poderoso del mundo», me dije. «Suyo es el poder, tuya la riqueza y la gloria, Miguel».

El Rey gobernaba el mundo desde su sillón del Escorial, pero la amenaza del Gran Turco presionaba sobre las fronteras de la cristiandad.[13] El 8 de agosto desembarcó en Nápoles don Juan de Austria,[14] el hermano natural de nuestro rey Felipe II, para ponerse al frente de la cruzada que debía detener el avance de los turcos y castigar sus saqueos en las costas del Mediterráneo. Genoveses, venecianos, romanos y españoles reunieron en el puerto siciliano de Mesina una formidable flota de casi 300 navíos y no menos de 80.000 soldados. Yo embarqué en la galera* *La Marquesa*, un navío muy largo y estrecho, con dos mástiles y una vela, rápido en las maniobras y muy preparado para el abordaje.

La vida a bordo de los barcos es muy dura, pues a uno lo maltratan las chinches y los piojos, le roban los galeotes,* lo in-

sultan los marineros, le disputan la comida los ratones, lo mojan las olas, lo asaltan los vómitos y los mareos y le hacen temblar de miedo los vientos y las borrascas.

En *La Marquesa* íbamos apretados como en un hormiguero treinta marineros, doscientos soldados y otros doscientos galeotes que se turnaban en treinta filas de bancos para remar a golpe de látigo. La temible escuadra se hizo a la mar rumbo a la costa griega en busca de la flota turca que se había guarecido en el golfo de Lepanto. Al amanecer del domingo 7 de octubre Alí Bajá[15] desplegó en orden de combate su flota de 250 galeras con 80.000 hombres y 750 cañones, pero yo estaba tumbado en un camastro de la bodega, encendido de fiebre, tiritando y dando diente con diente. A eso del mediodía, sonaron los primeros cañonazos y en seguida oí los clarines y el redoble de tambores llamando al combate. Logré alzarme de la estera y ponerme la coraza, empuñé el arcabuz y subí a cubierta mareado y sudando en frío. Toda la tropa estaba formada en oración y, al terminar el padrenuestro y recibir del capellán la bendición, oí la última arenga de nuestro capitán don Diego de Urbina:

—¡Soldados! ¡Por Dios!

—¡Por Dios! —gritó la tropa a coro.

—¡Por nuestro Rey!

—¡Por nuestro Rey!

—¡Al arma!

Al instante el jefe de remeros tocó el pito y gritando desde proa
marcó el compás de los brazos que movían los remos,

—Piiii…, piiii…, piiii… ¡Bogad, bogad!

La chusma* de galeotes braceaba con furia y las palas de los remos golpeaban al unísono el agua. Todos los condenados a galeras
habían recibido la promesa de ser libres si se alcanzaba la victoria.
Los arcabuceros estaban en su puesto esperando la orden de «¡Fuego al turco!».

Me vio el capitán, y cuál no sería mi lamentable estado, que me
ordenó volver de inmediato al camastro de la bodega.

—Capitán —le contesté—, prefiero morir peleando que cuidar de
mi salud bajo cubierta; que el soldado mejor parece muerto en el
combate que vivo en la huida.

Me puso al frente de doce hombres en el esquife o barquita de salvamento que va a proa para detener el asalto de los que intentaran el abordaje. Todo lo que la vista descubría era una visión prodigiosa y temible. Las galeras cristianas y turcas desplegadas en arco avanzaron para encontrarse y empezaron a escupirse fuego con espantoso estruendo de los cañones de las crujías.* Algunos disparos daban en el agua y levantaban fuentes y surtidores, pero otros abrían boquetes en las naves enemigas, derribaban arboladuras* y hacían saltar por los aires a remeros y arcabuceros de cubierta. Así fue hasta que muchas naves cristianas y turcas se embistieron en revuelta mezcolanza y se aferraron unas en otras; y entonces empezó el asalto al abordaje, la lucha cuerpo a cuerpo: por todas partes había disparos, humo turbio de la artillería, fuego, velas y palos que se quebraban, boquetes de agua, gritos de espanto y ayes de cuerpos que caían heridos o muertos.

Tres horas estuvo indecisa la más heroica y sangrienta batalla naval que vieron los siglos. El mar se llenó de maderos flotantes, pecios* y cadáveres. En aquel caos infernal, yo recibí dos arcabuzazos en el pecho y otro disparo me dio de lleno en la mano izquierda, que me quedó inútil para siempre.

El "manco de Lepanto", me llamarían después con burla los poetas envidiosos de Madrid.

—Para gloria de la diestra —tuve que contestarles, con orgullo de haber sido herido en en una batalla tan crucial para el destino de la cristiandad—. Porque si mis heridas no resplandecen a los ojos de quien las mira, son estimadas por los que saben dónde se cobraron. Y aunque la herida de la mano parece fea, yo la tengo por hermosa.

Supe después que dos sucesos fueron decisivos para nuestra suerte victoriosa. Uno fue la rebelión de muchos esclavos cristianos que remaban en las galeras enemigas, lo que impidió sus maniobras. El otro hecho fue que resultó herido el comandante de la flota turca, Alí Bajá, y aprovechando la confusión del momento, un cautivo cristiano lo remató cortándole la cabeza de un hachazo. La gran victoria en Lepanto costó doce mil muertos a nuestra flota y el doble a los turcos. Nunca el mundo conoció tal matanza en tan poco tiempo. Todavía al día siguiente continuaba el pillaje y expolio* de los vencidos, al tiempo que se rescataba a muchos náufragos y heridos que se asían a maderos flotantes en el sosegado mar.

Yo, malherido, ensangrentado y delirando por las calenturas de la malaria,* estuve moribundo varios días, atendido por el médico y mi hermano Rodrigo. A mi lado oía ayes de heridos y mutilados. Al fin, con mala mar, la flota cristiana atracó de nuevo en el puerto de Mesina, en Sicilia, y ese invierno lo pasé en el hospital, curándome de mis heridas. Lo abandoné el 24 de abril. Recibí tres pagas atrasadas de veinte ducados cada una, y la distinción de "soldado aventajado". Me acostumbré a valerme tan sólo de la mano derecha, pues la otra quedó seca e inmóvil y el brazo apenas me

servía para sustentar con él alguna cosa, de modo que no se me cayese al suelo.

Soldado de una sola mano, con la que empuñé la espada, participé en los años siguientes en tres nuevas campañas contra turcos y corsarios. En el 72 me hallé a bordo de la galera de *Los tres faroles*, la nao capitana, contra la escuadra del Gran Turco, que se había rehecho; pero como estaba resguardada en el puerto seguro de Navarino,[16] se perdió la ocasión de deshacerla. De este viaje lo único favorable fue que se apresó la galera del hijo del famoso corsario Barbarroja, cuya crueldad era temible en todas las riberas cristianas.[17] Al año siguiente me hallé en otra campaña en Corfú contra el Uchalí , o Euldj Alí, un renegado* calabrés muy astuto, que logró escapar y llegó a ser virrey de Argel.[18] Y en julio del año siguiente me embarqué en la flota que debía defender la Goleta, la fortaleza que protegía Túnez, que había sido atacada y sufría asedio de los turcos.[19] Don Juan de Austria reunió de prisa una escuadra para liberarla, pero dos borrascas en que la mar se alborotó azotada con furia por el viento ábrego,* obligaron a volver velas para reparar daños en Palermo, y mientras se hacía, se perdió la Goleta, tenida por inexpugnable, y se perdió Túnez. Estos sucesos fueron en 1574.

Lo mejor de mis años de soldado fue el descanso de las asperezas y daños de la guerra. Un invierno lo pasé en la isla de Cerdeña, pero los mejores días los viví en la luminosa Nápoles, que es, a mi parecer, la mejor ciudad del

mundo. Para los napolitanos, los soldados españoles éramos los *papagayos*, por el vistoso colorido de nuestros uniformes, las plumas de nuestros sombreros y la arrogancia que nos atribuía la fama. «Español, fanfarrón», decían. En las comedias de Arlequín que se representaban en las plazas napolitanas con gran alboroto, siempre salía *il capitano español*, muy bravucón él, con polainas,* voz de trueno y el brazo listo para desenvainar la espada y tirar estocadas al aire como quien silba:

—¡Voto a Dios! ¡Yo solo me basto para degollar un ejército de turcos! ¡Venga Satanás con mil demonios!

Aunque al final de la obra salía burlado y molido a palos por un pillo hambriento, flaco y desarrapado. Los napolitanos sabían poner en ridículo a sus conquistadores.

La vida de soldado era la rutina de los cuarteles: ocio, tabernas, vino y naipes. En mi caso, también fueron días de versos y tertulias, de libros y lecturas. Y días de amores… Aquella napolitana, a la que en algunos versos llamé Silena, por no descubrir su verdadero nombre, que me amó y me olvidó, no sin antes hacerme padre de un hijo. Es verdad que no pude, ni ella me lo hubiera consentido, traérmelo a España, pero sí lo recordé con entrañable cariño toda mi vida, y aun hace poco aproveché el soñado *Viaje del Parnaso* para abrazarlo con la imaginación y reencontrarme con él y con mis días de juventud y soldadesca, de amor y aventuras.

En Italia aprendí que el amor y la muerte ni tienen vergüenza ni se atienen a razones. Italia, mi ventura. Y quién sabe si, para rematar el destino de tantos soldados españoles, Flandes[20] podía haber sido mi sepultura. Porque en junio de 1575 se hablaba de la partida de don Juan de Austria para sustituir al duque de Alba en Flandes, cuyos tercios* caían derrotados,[21] pero yo dije adiós a las armas y al traje de soldado, solicité permiso para volver a casa y obtuve de don Juan de Austria y del duque de Sessa cartas de recomendación para que en Madrid me hiciesen merced por los servicios prestados.

Cautivo en Argel

Celebré mi 28 cumpleaños encadenado y preso del corsario Arnaute Mamí. Había embarcado en Nápoles a primeros de septiembre en la galera *Sol*, que se hizo a la mar con otras tres naves cargadas de muchas mercancías. Sin percance alguno, porque la mar estaba sosegada y lisa como una balsa de aceite, remontamos la costa italiana, pero ya en el golfo de León, a la altura del puerto francés de Toulon, se desató una furiosa borrasca que dispersó la flotilla y a punto estuvo de echarnos a pique. Proa a la mar y popa al viento que nos alejaba de la costa, sobrevivimos sentados y atados para no ser barridos por las olas gigantes. Cuando se calmó la tempestad, la *Sol*, en la que viajaba gente muy principal, recobró el rumbo y, costeando ya el litoral bravío de Cataluña, a la altura de Cadaqués o Palamós, descubrimos con la luz pálida del amanecer tres bajeles* que navegaban cerca de nosotros con las velas tendidas, y

29

sin mediar aviso, nos dispararon dos piezas de artillería. Resistimos como una hora el ataque corsario, y en el fragor del combate murió nuestro capitán don Sancho de Leiva, pero la imposibilidad de huir o de salir con bien de la lucha con los tres bajeles corsarios nos obligó a izar en el mástil la bandera blanca de la rendición. Recuerdo bien la fecha del 26 de septiembre de 1575, porque ningún preso olvida el día que pierde la libertad.

Los piratas nos trasladaron esposados y atados con cadenas a un bergantín* donde venían otros cautivos arrancados en distintos puertos. El renegado Arnaute Mamí, albanés de nación, como otros corsarios de Berbería,[22] iniciaba cada año en primavera su campaña de saqueo de las riberas del Mediterráneo y volvía ahora con su carga de presos y el fruto de su rapiña a su cuartel de invierno en Argel. Arnaute encontró las cartas de recomendación de

don Juan de Austria y del duque de Sessa y me dispensó un trato especial porque supuso que era de familia noble, o al menos con hacienda para pagarle un buen rescate a cambio de mi libertad.

—Miguel de Cervantes. ¿Sois capitán?

—Soldado de tropa.

—¿Y un soldado de tropa trae cartas de crédito firmadas por el hermano del Rey, el vencedor de Lepanto? ¿Y esta otra carta, firmada por un duque?

Yo, pobre y manco, insistí en que era simple soldado y de familia muy pobre, pero el desconfiado corsario no me creyó. Al tenerme por hombre rico e importante, se complicaba mi suerte de cautivo, pues ¿de dónde iban a sacar mis padres dineros para liberarnos a mi hermano y a mí? Que la armada del Rey acudiera a rescatarnos era improbable. Poco se podía esperar de la política de

31

nuestro monarca Felipe II, que postergaba la liberación de los miles de cautivos que penaban en tierras africanas a la anexión de Portugal. Años después, yo mismo supliqué al rey en *Los tratos de Argel* la liberación de tanto desdichado, pues:

> *de la esquiva prisión, amarga y dura,*
> *adonde mueren quince mil cristianos,*
> *tienes la llave de su cerradura.*

En pocos días de travesía calma arribamos al puerto de Argel. El desembarco atrajo a un enjambre de mercaderes alborozados con el comercio de las mercancías robadas y a una bulliciosa muchedumbre que hizo pasillo para ver pasar a la cuerda de presos esposados, atados con cadenas, que arrastraban ruidosos grilletes* en los pies.

El pirata Arnaute Mamí nos separó en dos grupos para la subasta. En uno estaban los "cautivos del rey", de quienes se esperaba obtener rescate. En otro grupo estaban los "cautivos de almacén" o "del concejo", porque nadie los iba a rescatar y pasarían el resto de sus vidas trabajando en las obras públicas que se hacían en la ciudad, o como siervos de un amo particular que los empleaba en toda suerte de oficios, fraguas, carpinterías, astilleros, o en los campos, de sol a sol, o trayendo leña, o amarrados al remo los más fuertes, todos sin esperanza alguna de salir de la esclavitud. En Argel había en aquellos años no menos de quince mil esclavos y cautivos, negros y cristianos de todas las naciones.

—¿Quién da ochenta? —voceaba el subastador.

—¡Ochenta!

—¿Quién da noventa cenís?

Argel, puerto universal de corsarios, amparo y refugio de ladrones, es sin embargo ciudad muy nombrada y admirable. Se parecía a Nápoles por el laberinto de callejas, el bullicio de sus plazas y zocos, la

actividad del puerto y sus muchos palacios, que no tienen balcones en la fachada, sino algún ventanuco con celosía, como es costumbre en las casas de los moros, pero dentro de ellos hay patios con frescos jardines y fuentes cantarinas. El faro es alto y luminoso en la noche, las murallas inexpugnables y fuera de ellas, trepando por las colinas, se ven muchas villas ajardinadas mirando al mar, donde sus moradores gozan de todo aquello que la felicidad puede conceder a los hombres. En Argel vivían ciento cincuenta mil personas de muchas razas y lenguas, aunque en una que es mezcla de muchas se entienden turcos, moros y cristianos. El número de cautivos no bajaba de los quince mil, y entre estos no eran pocos los que habían renegado de Cristo por desesperación, o para dejar de ser cautivos, pues la ley musulmana mandaba dejar libres a los que abrazaban la fe en Alá.

–¡Allahu akbar…! ¡La illaha ila Allah…!

'Alá es el más grande y el único Dios'. Argel tiene muchas mezquitas y desde lo alto de sus minaretes los muecines* llaman a la oración cinco veces al día, proclamando en sus rezos o *salats* la grandeza de su Dios.

Arnaute Mamí me entregó a su primer lugarteniente, Dalí Mamí el Cojo, que, como es fama entre los cojos, era muy astuto y

malicioso. Me encerró en un *baño* espacioso donde, por ser cautivo de rescate, no salía a trabajar y no padecía las calamidades y el mal trato de otros presos. Se llaman *baños* a los patios y corrales donde se almacena a los prisioneros. Para ocupar el tiempo ocioso, que era todo el día, componía versos, cultivaba la amistad de otros desdichados como yo y soñaba con la vuelta a España.

Cuán cara eres de haber, oh dulce España

'Qué difícil tenerte, oh España'. Durante mi cautiverio también la oración era un consuelo, porque en esto he de decir que los moros no nos forzaban a rezar a su Dios, ni nos impedían adorar al nuestro, ni rezar a Nuestra Señora, ni tener nuestras devociones y misas. En esto mostraban ser más liberales que nosotros y no había entre ellos tribunal de la Inquisición.

Mi cautiverio duró cinco años y un mes, y en ese tiempo jamás abandoné la esperanza de alcanzar la libertad. Cuando fracasaban todos los intentos por lograrla, fingía y buscaba otra esperanza que me sustentase, aunque fuese débil y flaca. Emprendí cuatro intentos de fuga y fracasé en todos ellos. La primera vez nos evadimos del baño por el terrado mientras los centinelas dormían. Salimos de la ciudad al amanecer con los esclavos condenados a trabajos forzados en el campo, hasta que nos separamos guiados por un moro hablador y zalamero* que habíamos contratado para que nos llevara por tierra a Orán.

—Alá es grande. Sí, Orán. Allí, españoles, libertad.

Alá es grande, pero al cabo de seis jornadas el moro traidor desapareció y nos dejó sin agua y sin provisiones. Entre morir perdidos en el desierto, o arriesgarse a los crueles castigos que daban a los fugitivos, preferimos el regreso. Mi amo, que alguna vez había gustado de mis conversaciones sobre todo lo divino y lo humano, comprendió que la obligación del cautivo es buscar a cualquier precio la libertad, pero me hizo ver también que su deber era castigar mi fuga. A mí, por haber leído mucho y ser barbirrubio, cosa rara entre los presos españoles, y porque muchos cautivos del baño me estimaban, mi amo me tenía por noble y pariente de don Juan de Austria, que en toda Berbería era más nombrado que el mismo Felipe II, pues hasta los niños moritos se burlaban de los cautivos, cantando en el habla impura en la que nos entendíamos turcos, moros y cristianos:

Non rescatar, non fugir,
si don Juan no venir,
acá morir.

Mi amo me perdonó la vida.

—*Gualá*, cristiano. Vales quinienti ducati de oro. Yo non matar te. *Ámexi, ámexi* ('Vete, vete').

Sus guardias me encerraron con doble cadena, pero no me ahorcó, ni me cortó las orejas, ni me dio ningún palo.

En marzo mis dos compañeros Pedro Castañeda y Antón Marcos recibieron el dinero de su rescate y se fueron con la promesa de ayudar a conseguir el nuestro. Pero no fue así. Al año siguiente llegaron unos frailes mercedarios,[23] pero el dinero que traían de nuestro padre, trescientos escudos, sólo dio para liberar a mi hermano Rodrigo, que pudo regresar a España con otros 105 cautivos. El Cojo me había tasado en quinientos escudos, una cantidad imposible de reunir entre todos los Cervantes y Cortinas.

Mi única esperanza de libertad era que Rodrigo viniera de Mallorca con una fragata* rápida y nos recogiera de noche en una caleta que hay a tres millas de la ciudad, cercana a la casa ajardinada del alcaide Hasán, un griego renegado. Negocié con un renegado murciano mi salida del baño y la de catorce compañeros de fuga. Engañados unos centinelas y comprados otros, salimos con mil cautelas una noche de mayo sin luna y fuimos de uno en uno a ocultarnos en una gruta de la caleta a la espera de la nave salvadora. La vigilancia en el puerto y la costa era poco rigurosa, porque mi amo Dalí Mamí y no menos de veinte corsarios habían emprendido su campaña anual de piraterías por las riberas de Italia y España a la presa de doncellas y mancebos. En la gruta nos socorría a escondidas un navarro llamado Juan, que era el jardinero del griego Hasán.

Cinco meses llevábamos en la gruta esperando el bajel, cuando un renegado de Melilla llamado *el Dorador* que se iba a escapar con nosotros, se arrepintió y nos denunció al bajá.* Yo comparecí ante él con las manos atadas y una soga al cuello y me declaré único culpable de la fuga para salvar a mis compañeros. El bajá no quiso matarnos por no hacer perjuicio a Dalí Mamí, que estaba al corso,* y también valoró mi orgullo y las razones que di para maldecir la penosa suerte del cautivo, y el dolor del alma que se debate entre la esperanza y el desánimo de la libertad. El bajá, como buen vene-

ciano que era de nación, apreció el dinero más que ninguna otra cosa, porque al ser todos los fugitivos cautivos de rescate, nuestra muerte suponía una gran pérdida de escudos. Así que nos libramos de ser degollados, ahorcados, empalados o desorejados, pero dio muerte al jardinero navarro con horrorosos suplicios. A mí, como cabecilla, me cargó de grilletes y cadenas y me sepultó en una mazmorra* oscura cinco meses. Entré en ella justo el día que cumplí treinta años. Para evitar nuevas fugas, Hasán Bajá me compró y pagó a Dalí Mamí los 500 escudos de oro que valía.

Salí libre en marzo y poco después reincidí en mis maquinaciones para alcanzar la libertad. Envié una carta firmada al general de Orán con un plan de fuga, pero el correo moro fue detenido a la entrada de la ciudad y el bajá Azán Agá volvió a perdonarme la vida de nuevo. Ya nos conocíamos bien. Era alto de cuerpo, flaco de carne, los ojos grandes, la nariz larga y afilada, los labios finos, no demasiado barbado, de pelo castaño y color cetrino,* que declinaba para amarillo, señales todas de su mala condición. Pero a mí no me cortó la nariz, ni la otra mano, ni me mandó dar tormentos que por asuntos de muy escasa monta daba a menudo a los presos hasta causarles la muerte.

–¡Perro cristiano! –decía el torturador. Llamarnos *perro* era para ellos el insulto mayor, pues los musulmanes detestan a los perros y a los cerdos, porque los consideran animales impuros.

Hasta dos años después no preparé la cuarta evasión. El comerciante valenciano Onofre Ejarque comprometió mil trescientos doblones en la compra de una fragata de doce bancos de remos donde pensábamos fugarnos hasta sesenta pasajeros, toda la flor de los cristianos cautivos. Pero era difícil guardar el secreto entre tantos hombres, y fuimos descubiertos días antes de la partida. Nos había delatado el antiguo fraile dominico y renegado Juan Blanco de Paz, hombre murmurador, violento y de malas inclinaciones, que me envidiaba y odiaba a muerte. Entre los cautivos, la mayoría llevaba con resignación y dignidad su desgracia, pero también había desalmados que robaban y maltrataban a otros cautivos sin considerar que éramos todos hermanos de religión y muchos de la misma nación española. Esta evasión frustrada se planeó a principios de octubre de 1579, y fracasó ya entrado el año de 1580. Otra vez fui a dar a un calabozo del mismo palacio del rey durante cinco meses sin ver la luz, atado con cadenas. Había intercedido por mi vida ante Hasán Bajá el corsario murciano Morato Arráez, apodado *el Maltrapillo*. Aquel invierno en Argel fue el más largo y cruel de todos. Cayeron muchas calamidades no sólo sobre los presos, sino sobre la gente de la ciudad. El frío, las enfermedades y el hambre mataron en pocas semanas a más de cinco mil personas.

En mayo llegaron los frailes trinitarios con los dineros de la libertad de muchos cautivos. Uno de ellos, fray Juan Gil, traía 300 escudos de oro de Leonor Cortinas para el rescate de su hijo. Vi el papel que mi madre había escrito de su puño y letra con las señas de mi persona, y al reconocer su letra se me llenaron los ojos de lágrimas.

Miguel de Cervantes, que es de edad de 33 años, manco de la mano izquierda y barbirrubio.

Pero faltaban 200 ducados para el rescate, y el bajá no quiso hacer rebajas. En septiembre iba a embarcarse hacia Constantinopla,[24] para dar cuentas de su gestión, y había decidido llevarme consigo, pero fray Juan Gil llegó a última hora con el dinero que faltaba. Al fin, terminaba mi cautiverio y recobraba mi libertad, uno de los dones más preciosos que los cielos otorgaron a los hombres. Después de estar preso tantos años, aprendí a valorar la libertad más que todos los tesoros de la tierra y descubrí que por la libertad, lo mismo que por la honra, se puede y debe aventurar la vida, pues el cautiverio es el mayor mal que puede venirle a los hombres.

Grande fue, pues, la dicha de verme libre, sin cadenas, sin obligaciones, sin amo, esperando el barco que me trajera a España. Entre tanto, iba y venía por las callejas, me asomaba al puerto, salía a los lugares cercanos, me despedía de mucha gente conocida, recogía avisos de los cautivos para traerlos a España.

Cuán cara eres de haber, oh dulce España

Unas semanas después, el 24 de octubre de 1580, embarqué en la nave de maese Antón Francés con otros cinco cautivos y, como tuvimos viento próspero, al tercer día de navegación avistamos la costa de Denia cuando el sol se alzaba alegre y regocijado sobre la raya del mar. Al tocar puerto, tras once años de ausencia, sentí el mayor contento que en esta vida se puede tener: llegar después de largo cautiverio salvo y sano a la patria.

Años inciertos

Tres días después llegué a Valencia, ciudad hermosa y rica, de amenos contornos, digna de alabanza por la hermosura de sus mujeres, la extremada limpieza de sus calles y su graciosa lengua, con la que sólo la portuguesa puede competir en dulzura. Los frailes trinitarios me dispensaron una calurosa acogida en su convento y, al día siguiente, fiesta de Todos los Santos, fui en procesión a la catedral para dar gracias a Dios por mi liberación, como hacen todos los ex cautivos cuando pisan tierras cristianas.

La libertad de vivir sin miedos ni amenaza de castigos, sin amo y sin rejas, la placidez del otoño dorado y el trato con los poetas (que en Valencia son legión) y con los cómicos que representaban en un corral de comedias cercano a la Universidad, alegraron mis días en la ciudad del Turia. Pero como el desgraciado caso que me había llevado al destierro estaba cerrado, a mediados de diciembre regresé a Madrid sin temor a perder la otra mano.

En once años de ausencia, la vejez había hecho estragos en mi padre, ya setentón, aislado en su sordera y agobiado como siempre por cobrar deudas y pagar aún los préstamos que le habían concedido para librar a sus hijos del cautiverio. Aunque no podía oír la música, alguna vez tocaba la viola como en su remota niñez. La melancolía se había adueñado de mi madre, paño de lágrimas de todos sus hijos. Mi hermana Andrea tenía un nuevo protector, y Magdalena, mi hermana pequeña, vivía ahora con un escribano de la reina doña Ana de Austria. Rodrigo se había enrolado en un tercio* del duque de Alba para cumplir el cabal destino que se reservaba a muchos soldados españoles:

España, mi natura.
Italia, mi ventura,
Flandes, mi sepultura.

Y aunque un soldado español podía elegir su sepultura en muchos lugares del mundo, pues en el imperio no se ponía el sol, es el caso que mi hermano sí acabó muriendo en una batalla en Flandes algunos años después, tras una no muy lucida carrera militar y sin haber cobrado muchas soldadas* atrasadas.

Nada más llegar a Madrid intenté conseguir algún cargo en recompensa a mis trabajos de soldado y a las penas que sufrí en el cautiverio al servicio de Su Majestad, pero mis antiguos valedores don Juan de Austria y el duque de Sessa habían muerto. No tenía más fiador que las cicatrices del pecho y mi brazo manco, pero eran multitud los soldados que podían mostrar peores heridas que las mías y andaban rotos y sin un miserable maravedí. Si las oficinas del Alcázar Real son nidos de escribanos, letrados y cobradores, fuera de ellas guardan cola muchos aspirantes a un cargo, una paga o una pensión del Rey. Unos traen valijas* de certificados verdaderos y cartas de recomendación, otros enseñan heridas y mutilaciones. Unos son sinceros y otros falsos. Matones de taberna que nunca han visto el mar juran que las cicatrices que les atraviesan la cara fueron recibidas en Chipre peleando contra el Gran Turco Selim de Constantinopla. Tullidos limosne-

ros que se apostan a la puerta de las iglesias y apenas han salido de Vallecas enseñan los gloriosos muñones que les dejaron los luteranos[25] alemanes. Y maleantes venidos de Sevilla se inventan cautiverios y martirios a manos de los infieles mahometanos.

El Consejo de Castilla denegó mi solicitud: ni cargo, ni paga. Pero como su Majestad salió en marzo del Escorial para coronarse en Tomar rey de los portugueses, yo, como los mosquitos que acuden en las noches de verano al resplandor de un farol, fui tras el séquito real al reclamo de la luz poderosa. Conseguí un anticipo de cincuenta escudos para una labor de espía en Orán. Mi misión consistía en traer información fiable sobre si era cierto que se estaba preparando un ataque de los turcos a alguna plaza española, porque habían llegado a Argel setenta galeras de fanal, las más poderosas, mandadas por el Uchalí. Embarqué en Cádiz a mediados de junio y cuatro días después me abrazaba el gobernador de Orán, que me recibió con grandes muestras de contento. Con Martín de Córdoba, que así se llamaba el gobernador, me unía nuestra común condición de ex cautivos en Argel y el hecho de que también él hubiera protagonizado un intento fracasado de fuga masiva.

A finales de junio, regresé de Orán por el puerto de Cartagena y crucé de parte a parte la Mancha, Extremadura y todo Portugal para rendir cuentas en Lisboa de mi viaje. Tardaron en pagarme los otros cincuenta ducados del trabajo. Y entre tanto busqué, solicité, rogué y esperé un cargo, pero ni mis méritos ni mi diligencia remediaron mi poca dicha. Como Lisboa es ciudad que se presta a dejar volar la imaginación, soñaba con un destino en América. Ocho meses pasé en esa ciudad que desciende a mojar sus pies en el estuario del río Tajo, en

cuyo puerto hay un espeso bosque de mástiles de galeones que descargan las riquezas de Oriente. En Lisboa la hermosura de las mujeres admira y enamora, y el amor y la cortesía se dan la mano, porque todos sus moradores son agradables, son discretos, son liberales, nostálgicos y enamorados.

Pero no había en la Corte cargo para mí. Tenía treinta y cinco años, y contando con que los Cervantes solían llegar a viejos, estaba, en el mejor de los casos, a la mitad del camino de mi vida, que decía Dante, sin oficio ni beneficio, confuso y a merced de los vientos de la Fortuna, como nave sin timón. Cuando en febrero regresé a Madrid, me encontré con que aquella ciudad no era ya la misma de mis veinte años. Tampoco yo lo era, pues estaba confundido en todo, incluidos mis gustos y aficiones. Así que hice lo propio de los estudiantes y mozos: trapicheos, compraventas, lecturas, charlas de poetas, teatro, tabernas, amoríos, noches de naipes… Jugaba muchas manos a una mano: todo lo hacía con la diestra.

—¿Y ahora qué, señor Miguel de Cervantes: las armas o las letras?

Durante algún tiempo me dediqué a continuar *La Galatea*, porque mientras me ocupaba de los amores y desamores de mis fingidos pastores me evadía de las miserias y sinsabores de mi propia vida. En realidad, los pastores sufren fríos y ventiscas, temen al lobo, más que hablar, gruñen, se pasan el día espulgándose y, en fin, nada tienen que ver con los apuestos pastores y las bellas pastoras de las novelas, que sólo viven para el amor, se pasan el tiempo entre suspiros y desmayos de enamorados, cantando y tañendo flautas en prados amenos, junto a ríos cristalinos que atraviesan bosques sagrados. Los libros pastoriles no contienen ninguna verdad, pero en ellos se facilitan los imposibles y las cosas son como soñadas, para entretenimiento de quien los escribe y deleite de los ociosos que los leen. También a mí me complacía este género, tan de moda en aquellos años.

Concluida por fin la novela, el 12 de junio de 1584 conseguí venderla al impresor Robles por 120 ducados, y el libro apareció en su tienda al cabo de nueve meses. La pluma me resultaba ahora más provechosa que la espada, tanto que con eso y algún otro dinero que me pagaron por el estreno de la tragedia *Numancia*, contribuí a saldar la vieja deuda que habían contraído mis padres para librarme del cautiverio.

En aquellos días el teatro ya no tenía nada que ver con los entremeses de bobos de Lope de Rueda que tanto me habían divertido cuando yo era un niño. Las obras ya no se representaban en carros o en tablados de quita y pon, montados en mitad de las plazas, sino en corrales de comedias como los de la Cruz y el Príncipe, recién inaugurados en Madrid.[26] Eran estos dos patios sin tejado con un escenario grande y unos camarines para que los cómicos pudieran cambiarse de ropa. Asistía a la función toda clase de gentes, desde personas ricas y principales que se acomodaban en los palcos laterales o ventanas, a los furibundos *mosqueteros* que presenciaban el espectáculo de pie en el patio o el mujerío bullicioso de la *cazuela*, unas gradas que se levantaban al fondo, pues

hombres y mujeres estaban separados para prevenir encuentros poco decentes. Como mi afición a la farándula* me venía de la infancia, me entregué con pasión a componer algunas obras, con las que pensaba obtener el aplauso del público. Los versos sonoros y doloridos de la tragedia *Numancia* causaron gran emoción patriótica, y unas veinte comedias mías se representaron sin recibir pitos, gritas, protestas ni munición de pepinos arrojadizos contra los actores. Pero desistí de seguir escribiendo obras dramáticas cuando me ofrecieron un medio de vida más lucrativo, el de requisador de alimentos para la armada.

Por esas fechas, además, irrumpió en el teatro de la vida un mozo ingenioso y alocado con unas comedias bajo el brazo en que se sucedían amores, muertes, estocadas, honras quebrantadas, apariciones imprevistas, bailes, redobles de tambor e inesperados giros que dejaban boquiabiertos a los espectadores. Aquel joven se llamaba Félix Lope de Vega y Carpio y era un punto insolente.[27] Se hizo asiduo de la taberna del asturiano donde recalaba la gente del teatro, aunque sus amoríos desbocados no le dejaban mucho tiempo para tertulias de poetas y cómicos.

—¿Tragedias de humanistas en los tablados, señor Cervantes? —me decía Lope—. Aquellos tiempos pasaron…

—Pero Aristóteles…[28]

—¿Acaso a un valentón, a un sastre, a la verdulera del mercado o a una fulana de la Costanilla le importan las reglas de Aristóteles? ¿Unidad de acción? ¿Unidad de lugar? ¿Unidad de espacio? ¡Olvidaos de las unidades! Al teatro se va a oír y a ver. ¡A ver con los ojos, señor Cervantes! Y en fin, al vulgo hay que hablarle en necio para darle gusto.

Ese muchacho desbaratado y vividor, que escribía versos como quien hace buñuelos, se alzó muy pronto con la monarquía del teatro. En pocos años triunfó e impuso su forma de hacer comedias, llenó los teatros y él sólo podía abastecer de obras a todas las compañías de España.

El tabernero asturiano de la calle Tudescos donde nos congregábamos algunos escritores tenía una hija llamada Ana Franca. Yo fui cliente asiduo de aquella taberna y el último en salir algunas noches.

Con la joven Ana Franca tuve una hija que nació en noviembre de 1584 y a la que su madre le puso el nombre de Isabel. Pero por entonces hacía ya dos meses que me había ido de Madrid y me faltaban pocos días para casarme en Esquivias con otra mujer tras un noviazgo muy breve.

Un jueves de mediados de septiembre subí al coche de mulas que sale de la concurrida plaza de la Cebada hacia Toledo. Iba a Esquivias, villa de ilustres vinos y linajes, para visitar a Juana Gaitán, la viuda de mi buen amigo Pedro Laynez, al que había prometido en el lecho de muerte ocuparme de la publicación de sus versos. Eran los días dorados de la vendimia, y al atardecer entraba en el pueblo la procesión de carros cargados de racimos maduros. Pero no menos abundante era la cosecha de hidalgos de aquel lugar, pues de unas ciento setenta casas que había en Esquivias, cuarenta lucían sobre la puerta el escudo en piedra de una vieja hidalguía.

La bella viuda y heredera de mi amigo Pedro Laynez no tenía más linaje que el ardor en la sangre de sus pocos años. En casa de Juana Gaitán conocí a su vecina Catalina de Salazar, con la que me casé ante tres testigos el 12 de diciembre de ese año de 1584 en la iglesia de

Santa María de la Asunción. Fue una ceremonia casi secreta, porque Catalina estaba aún de luto por la muerte de su padre, y en Esquivias yo no tenía parientes ni más crédito que el haber sido amigo del difunto Pedro de Leyva. Catalina tenía diecinueve años y yo casi le doblaba la edad. Era hidalga como yo, pero poseía olivares, viñedos y algunas casas en Toledo que podían ayudar a paliar mi pobreza. Catalina sólo había salido una vez del pueblo para visitar a unos parientes durante las magníficas fiestas del Corpus de Toledo, y yo estaba de vuelta de casi todo.

Si en todas las comedias y novelas que escribí hay un asunto que por fuerza desata intrigas y revela las dichas y flaquezas del alma humana, ese es el deseo de amor. Sus peores enemigos son el hambre y el desdén, porque el amor es todo alegría, regocijo y contento cuando el amante goza de caudales y es correspondido por la amada. El amor ciega los ojos del entendimiento, pero para el matrimonio es menester gran tiento para acertar. ¿Qué menos que escoger una buena compañía en la cama, en la mesa y en todas partes, pues con ella has de caminar toda la vida hasta el paradero de la muerte? La mujer no es mercancía que una vez comprada se devuelve o se cambia, porque dura lo que dura la vida.

El caso es que yo opté por casarme con Catalina, y en Esquivias me aparté del tráfago de la Corte durante dos años. En el pueblo se hablaba de grandes filosofías: la helada, el precio del cereal, la moza que había parido un hijo, el burro del vecino que se había roto una pata, la historia interminable de las familias hidalgas. En la cocina grande éramos seis, la criada, mi suegra doña Catalina de Palacios, mis dos cuñados, mi mujer, que espiaba al sesgo mi mirada, y yo, que contemplaba el chisporroteo de los maderos de vid.

La casa de los Salazar[29] era espaciosa, con balcones enrejados en la fachada, patio con columnas, despensa y bodega para el vino y el aceite. Sobre el patio había un balcón de madera donde pasé muchas tardes remirando un verso y leyendo libros de caballerías de los muchos que tenía en su casa un vecino llamado Quijano, hombre hidalgo de unos cincuenta años, gran lector y amigo de la caza. Se había aficionado tanto a esas novelas que sólo le faltaba el valor de echarse a

los caminos como Amadís o Tirant lo Blanc, porque tenía la armadura completa de un antepasado, un caballo en la cuadra y los sueños de los caballeros andantes.

No habían pasado tres meses y ya estaba yo en Madrid para cosas de teatro y para que Catalina conociera a mis padres. La ciudad la aturdió, pues Madrid vivía los días más inseguros que se habían conocido, a pesar de recientes ordenanzas que pretendían atajar los duelos y pendencias, el alboroto nocturno que no dejaba dormir, los crímenes y la abundancia de burdeles y garitos de juego. Madrid no era Esquivias. Mi padre estaba muy desmejorado.

—Este cirio se acaba. Se acaba.

Lo enterramos tres meses después, el día 13 de junio.

La odisea andaluza

En aquel año de 1585 y en el siguiente viajé a Sevilla varias veces para resolver asuntos de Juana Gaitán. Aunque me encontraba ya algo escarmentado de las vanas fantasías del mozo que había ido a Italia en busca de la vida libre del soldado —pues cada día que pasa deja su huella y su matadura—, Sevilla era para mí como un espejo que cegaba mis ojos con los reflejos de la aventura y de la libertad.

Encontré cama y mantel en la posada de mi viejo amigo Tomás Gutiérrez, que había dejado su oficio de cómico por el más sosegado y provechoso de mesonero en la calle Bayona, a la sombra de la famosa Giralda. La suya era una fonda limpia y acomodada para viajeros ricos y huéspedes principales, con un patio grande lleno de macetas de flores que perfumaban la noche de albahaca y jazmín y refrescaban el aire ardiente del verano andaluz. Para entretener las veladas no faltaba la copla entonada al son de una guitarra o el baile de unas gitanillas que alegraban la sobremesa de los comerciantes, clérigos, damas y otros nobles viajeros atraídos por el imán de Sevilla, ciudad que también es enjambre de pícaros, polo de ladrones y faro de aventureros que soñaban con el oro de las Indias.

En la primavera de 1587, por mayo, dejé a mi mujer Catalina en la hidalga villa de Esquivias y me dediqué a recorrer los pueblos de Andalucía durante más de diez años. A punto de cumplir los cuarenta, abandoné la pluma y las comedias y me eché a los caminos con un oficio harto ingrato, el de requisador de trigo y aceite, que siete años después mudé por el no más gratificante de alcabalero o recaudador de impuestos impagados. En vez de rimar versos, sangraba* silos,* bodegas y almacenes para el rey.

Y es que había poderosos motivos para hacer acopio de fondos y provisiones. En Inglaterra, la católica reina escocesa María Estuardo había sido decapitada en el puente de Londres, y ante tamaño crimen, nuestro rey Felipe II se decidió a construir una gran armada para invadir aquellas pérfidas islas que no sólo se habían separado de la Santa Madre Iglesia sino que apoyaban la rebelión de los flamencos contra la corona de España. Llovía sobre mojado, porque era ya muy grande el perjuicio que causaba el mayor pirata de Occidente, Francis Drake, al que la reina Isabel I había otorgado el título de *Sir* para premiar sus continuos ataques a nuestros puertos de América y el apresamiento de los galeones* que regresaban de las Indias cargados de plata. Su última osadía había sido saquear Cádiz con una flota de treinta navíos.

Mientras se reunían los barcos y se construían otros muchos en los astilleros de Lisboa, se preparó abastecimiento de tropa para treinta mil hombres. Yo fui uno de los comisarios encargados de la requisa de cebada, trigo y aceite en tierras andaluzas. Me contrató el comisario Diego de Valdivia por doce reales diarios de dieta, que apenas me daban para malcomer y maldormir en posadas baratas, aunque se me prometió una buena paga al término de mi trabajo. Con este oficio de recaudador recorrí en los años siguien-

tes la campiña sevillana y otras muchas ciudades del valle del Guadalquivir, hasta Córdoba, Jaén y Granada, como un Ulises de las fondas y de los caminos polvorientos,[30] con pobre valija* sobre una mula vieja

> *de color pardo y tartamudo paso,*
> *grande en los huesos, y en la fuerza escasa.*

En todos los puertos de mi odisea era mal recibido. Tanto los campesinos pobres como los ricos terratenientes me veían como un corsario de la ley y se negaban a entregar los cupos,* o buscaban el modo de engañarme, y no sin razón, pues hubo años de cosechas escasas y el pago que se les hacía por el trigo, la cebada y el aceite era menguado o no llegaba nunca. Por no hacer las entregas, más de uno fue enviado a prisión por orden del comisario Valdivia. Había muchos que volcaban en mí y en mis ayudantes su desesperada indignación.

—¡Gran rey el nuestro, que así se desvive por sus súbditos! Para castigar al inglés, mata de hambre a Andalucía.

Pero también topé con la Iglesia. Yo, que había vivido en tierra de infieles sin que nadie violentara mi fe jamás, fui excomulgado dos veces, en una ocasión por un canónigo* de Écija y en otra por el vicario* de Córdoba, que no estaban conformes con los cupos de trigo y aceite que les correspondía entregar.

Lo peor de todo fue que la sangría de los graneros y bodegas para la empresa contra Inglaterra resultó tan costosa como inútil, pues la gran armada de ciento treinta barcos (bautizada irónicamente "La Invencible" por los ingleses) que zarpó de Lisboa en mayo de 1588 fue derrotada por la adversidad. Los ingleses rehuyeron el combate a corta distancia, pero sus veloces navíos y poderosos cañones, el acoso permanente a que sometieron a nuestra flota en el Canal de la Mancha, donde quedó bloqueada, así como los fríos, el hambre, las epidemias y las borrascas, acabaron por diezmar nuestra tropa y nuestras naves, y, después de un accidentado periplo* bordeando las Islas Británicas, en otoño regresaron tan sólo sesenta barcos a La Coruña y Santander, sin haber causado gran daño a los ingleses y habiendo sembrado de cadáveres las frías aguas de los mares del norte.

> *¡Oh España, madre nuestra!*
> *Ver que tus hijos vuelven a tu seno*
> *dejando el mar de sus desgracias lleno…*

Mientras duró la requisa para la construcción de la armada, yo regresaba al final de cada campaña a mi casa sevillana del barrio de San Isidoro y al bullicio de una ciudad que no parecía dormir nunca, pues cuando muchas tabernas y garitos de juego cerraban sus puertas y las campanas de las iglesias llamaban a la misa tempranera, ya había martillazos en los astilleros, ajetreo de estibadores,* griterío de pescaderas en la Costanilla, voces de muchachos con canastos que buscaban carga y trajín en el mercadillo de la puerta del Arenal.

De Sevilla partían las naos cargadas de sueños y volvían de América repletas de esclavos, mercaderías, oro y plata, de manera que las tiendas bien abastecidas de la calle Francos, las ricas sede-

rías y casas de paños, las platerías deslumbrantes de la Alcaicería, los palacios que se alzaban aquí y allá, o el ir y venir de coches y carrozas de caballos, toda esta riqueza admiraba a los visitantes tanto como el vicio y la necesidad humana. A la sombra del lujo y la felicidad pululaba* un gran enjambre de criados, esclavos negros, muleros, mozos de cuerda, alguaciles, vagabundos, pedigüeños, gitanillas hechiceras, ladrones de bolsa y de casas, matones a sueldo, fulleros* que desplumaban a los jugadores incautos, rufianes que vivían a costa de las mujeres de los burdeles y, en fin, mucha gente que daba color a la ociosidad. En el barrio de Triana y en la Huerta del Alamillo, a las afueras de la ciudad, se reunía a diario una verdadera cofradía de delincuentes, y dentro, cerquita de la Giralda, en el patio de los Naranjales, no se atrevían a adentrarse ni los guardias.

Como tantos otros desesperados en España que soñaban con El Dorado, también yo quise irme a América para librarme de aquel oficio de sangrar los costales de la gente y para buscar en otra parte remedio a mi malhadada fortuna. Un atardecer de mayo que andaba por el Arenal, a esa hora en que los rayos del sol rojo resbalan sobre las aguas del Guadalquivir, sentí honda melancolía y volví a casa, me puse a la mesa, abrí el tintero y escribí a Su Majestad:

Señor:

Yo, Miguel de Cervantes Saavedra, que he servido a Vuestra Majestad veintidós años en jornadas de mar y tierra, y muy en particular en la Batalla Naval de Lepanto, donde recibí muchas heridas, una de las cuales me dejó inválida la mano izquierda, y luego en Navarino y Túnez, y después fui cautivo y llevado a Argel, por lo que mis padres tuvieron que gastar toda su hacienda y las dotes de mis dos hermanas doncellas en rescatarme a mí y a mi hermano Rodrigo, y después serví a Vuestra Majestad en Portugal y Orán, y ahora en Sevilla en Negocios de la Armada, pide y suplica humildemente le haga merced de un oficio en las Indias de los tres o cuatro que al presente están vacantes, pues es hombre sutil y suficiente y benemérito para contador del nuevo reino de Granada, gobernador de la provincia de Soconusco en Guatemala o corregidor en La Paz.

Pues ni sutil, ni suficiente ni benemérito. ¿Quién dice que los asuntos de palacio van despacio? Apenas tardé tres o cuatro semanas en recibir respuesta del Consejo Real. Gastaron poco papel: «A Miguel de Cervantes Saavedra: Busque por acá en qué se le haga merced». Que, traducido al habla de Sevilla, quiere decir: váyase con viento fresco. Así que me quedé acá, con los amigos, el teatro, los naipes y los libros. Recibía noticias de Esquivias y Toledo. Supe que Ana Franca, la madre de mi hija Isabel, había enviudado y se ocupaba de la taberna y de la educación de sus dos niñas. También murió doña Catalina Palacios, mi suegra. Mi hermana Andrea había cambiado de protector y ahora vivía con un florentino llamado Santi Ambrosio que había venido a Madrid a hacer negocios, y para no ser menos que su madre, mi sobrina Constanza de Ovando tenía un nuevo amante, esta vez noble y aragonés, que unos años después la abandonaría aunque tratándola con generosidad.

La requisa de aceite y trigo continuó en los años siguientes y la telaraña acabó atrapándome en su centro. El gorgojo se metió en el grano mal almacenado en Écija, y media requisa se pudrió. En 1592 la cosecha de cereal fue muy escasa, con lo que en la primavera del año siguiente faltaba pan y los precios andaban por las nubes. Así las cosas, nada tiene de extraño que los proveedores trataran de engañarme o que hubiera quien, para defender sus intereses, me acusara de arbitrariedad. Al fin, los depósitos de maravedís que hice no cuadraron con las cuentas y, tras ser acusado de venta ilegal, fui encarcelado en la prisión de Castro del Río. Un ayudante mío llamado Benito de Meno corrió peor suerte, pues se le reclamaron dineros de los que no pudo responder y fue ahorcado en el Puerto de Santa María. Meses después se me acusó de fraude ante el Tribunal de Sevilla por haber vendido y cobrado trigo sin licencia de mi superior. Fui a Madrid a buscar pruebas de mi inocencia, y cuando en el verano de 1593 se aprobaron mis cuentas, mi exculpación me había costado el salario de todo un año. Para colmo de males, en octubre lloré la muerte de mi madre, ejemplo de coraje y de santa paciencia para sobrellevar la madeja de adversidades que envolvió siempre a la familia. Tenía 73 años.

Abandonada ya para siempre la empresa de construir una segunda flota con la que combatir al inglés, en 1594 se acabó el trabajo de recaudador de trigo y aceite, aunque unos meses más tarde, ya en 1595, acepté el empleo que me ofrecieron de cobrador de impuestos para la Hacienda Real, lo que fue como huir de Málaga para caer en Malagón.

Otra vez a los caminos, con sombrero, capa, guantes, polainas* y espuelas, sobre mula de alquiler pequeña, seca y maliciosa, de cuyas ancas colgaban las alforjas, en una la camisa y la muda, en la otra, pan, queso y una bota de vino. Jaén, Úbeda, Baeza, Guadix, Granada, Málaga y… Sevilla, donde se asienta la más grande cár-

cel del mundo. Para resumir el caso, yo tenía el encargo de cobrar los dos millones y medio de maravedís que se debían a la Hacienda del Rey, y unos sesenta mil ducados que deposité en casa del banquero Simón Freire se esfumaron: el pájaro voló con la jaula y el alpiste. Así que di en manos de la justicia. Si no untas a alguaciles, procuradores y jueces, gruñen más que carretas de bueyes, y como yo no tenía con qué untarlos, el juez Vallejo me metió en la Cárcel Real de la plaza de San Francisco, que es embajada y representación del infierno. Por sus puertas entran y salen riadas de gente, y dentro rigen rigurosas leyes no escritas. Hay en la cárcel dos mil presos que se gobiernan por alcaldes de cuartos, gobernadores de sala y virreyes de planta que tienen escoltas de matones, oyen a los súbditos, cobran peajes, reciben en audiencia, se solazan con mozas, visten como duques y comen a pedir de boca. La Cárcel Real es una gran timba, donde todo se juega y todo se vende, pero el que tiene dineros, como ocurre fuera de sus muros, tiene honra y respeto. Los más, sin embargo, se mueren de hambre y son devorados por gusanos, piojos y chinches. Yo fui por deudas al jardín de los presos, que para mi suerte era de los más amenos de aquel bello paraíso.

Del poeta Dante, que descendió a los círculos infernales en su *Divina Comedia*, recordé un verso que en la cárcel me sirvió de guía: *prendere l'ombre como cose solde*: hay que asir las sombras como cosas sólidas. Allí en la cárcel, donde toda incomodidad tiene su asiento y todo triste ruido hace su habitación, allí, digo, en el mismo infierno, pensé con tal ansia en la libertad y en los sueños imposibles, que engendré un personaje al que la lectura de los inverosímiles libros de caballerías y su afán de hacer el bien lo vuelven loco y lo convierten en el hazmerreír de la gente.

Su figura tal vez me la inspiró mi vecino de Esquivias el hidalgo Quijano, un primo de mi mujer que era de complexión recia, seco de carnes, enjuto de rostro y gran lector de libros de caballerías. Lo imaginé salir con grandísimo contento por la puerta trasera del corral armado de caballero andante para remediar los males del mundo y reponer en estos tiempos detestables el antiguo mundo del heroísmo y del honor. Lo imaginé aventurero, luchando sin desmayo contra las engañosas apariencias, acometiendo gigantes y malandrines que se le ofrecían disfrazados de molinos de vientos y rebaños de ovejas. Lo imaginé, en fin, risible y loco, pero con barruntos* de lucidez que dejarían admirados a los más sabios.

En aquella condenada prisión estuve preso no sé si tres o cinco meses: perdí la cuenta porque cuando no eres libre el tiempo no fluye, sino que se estanca o da vueltas como burro de noria. En la cárcel toqué fondo. Allí ancló mi vida de travesías sin rumbo. Allí vi mis días como una cadena de deseos imposibles y de fracasos ciertos, y como tanto error escuece, en adelante determiné poner algo de ironía y gracia donde no hay sino melancolía.

Con el paso de los años aprendí a no compadecerme de mí mismo y a ver que el mundo está lleno de apariencias contrarias, por lo que es mejor no buscarle un solo sentido. Aprendí también que burlarse un poco de todo es saludable para el cuerpo y para el alma, pues la risa abre el camino hacia la verdad, que es una urdimbre entretejida de muchos e intrincados hilos.

Cumplidos cincuenta años, no había hecho otra cosa en mi vida andariega y poco afortunada que dar tumbos. Conocía bien el mundo, así que había llegado la hora de tomar de nuevo la pluma y dejarla correr sin empacho alguno para pintarlo y mostrarlo en toda su anchura. Era en Sevilla, marzo, 1598, y volví a dedicarme por entero a escribir.

La vejez afanosa

El nuevo rumbo de mi vida coincidió con la muerte del rey Felipe II, al que los sevillanos dedicaron un formidable monumento fúnebre dentro de la catedral. Tardaron ocho semanas en levantarlo y, cuando al fin se mostró al público, todos acudimos a admirarlo.

–¡Voto a Dios! –dijo junto a mí un soldado de esos que lucen grandes bigotes, sombrero de plumas y una larga espada al cinto–. ¡Qué maravilla para un muerto!

El grandioso túmulo* me pareció un símbolo del imperio español: admirable por su grandeza exterior, pero hueco por dentro. Eran muchos los males que lo descomponían: el mal gobierno, las guerras, la despoblación del campo tras unos años de malas cosechas, el alza imparable de los precios, la nube de desocupados y pordioseros que infestaba las ciudades y, para remate, la peste negra que en 1559 y 1600 mató a medio millón de personas.

Confuso y apenado, salí de la catedral, me fui a casa, tomé la pluma y escribí de un tirón un soneto al aparatoso monumento fúnebre del rey, en el que disfracé mi amargura bajo la capa de la ironía. En el poema hacía exclamar al soldado, aturdido ante el monumento:

¡Voto a Dios que me espanta esta grandeza
y que diera un millón por describilla!…
Porque ¿a quién no suspende y maravilla
esta máquina insigne, esta grandeza?
Apostaré que el ánima del muerto,
por gozar este sitio, hoy ha dejado
el cielo de que goza eternamente.

¡Seguro que el rey abandonaba el cielo para disfrutar de aquel monumento en cuyo interior no reposaba su cadáver!… Bendita ironía burlona que aliviaba mi despecho y me hacía sentir libre… en mi manera de pensar.

En los dos años siguientes paré poco en Sevilla. Hice varios viajes a Toledo, Esquivias y Madrid, cuyos caminos y mesones ya conocía como el pasillo de mi casa. Ana Franca murió en mayo de 1598 y la hija que había tenido con ella quedó a cargo de mi hermana Magdalena y comenzó a trabajar en su taller de costura. Algún tiempo después

la reconocí como hija mía, y desde entonces llevó el nombre de Isabel de Saavedra.

En el verano de 1600 abandoné Sevilla para siempre y me retiré a Esquivias. Yo, Miguel de Cervantes, barco cansado, atracaba en aquel tranquilo puerto toledano donde el tiempo parecía inmóvil. Allí nunca pasaba nada digno de contar: un nacimiento, un muerto, un mulo que se rompía una pata…, que si heló en enero, que si por San Blas la cigüeña verás… Pero no estuve ocioso. Me afané en la escritura de mi *Don Quijote de la Mancha* y en la administración de la herencia de Catalina. Hacía alguna escapada a Toledo y a Madrid, aunque no podía reunirme con muchos escritores porque se habían mudado a Valladolid con la Corte. Con la marcha del monarca, Madrid quedó medio vacío. También mis dos hermanas, mi sobrina Constanza y mi hija Isabel se fueron a Valladolid, pues los clientes de su taller de bordados eran cortesanos.

En junio de 1604, con *Don Quijote* recién terminado, vendí los últimos bienes de mi mujer y los dos abandonamos el retiro de Esquivias por el bullicio de la capital, cuya prosperidad era en esos días muy grande.

—¿A Valladolid? Tú siempre en el camino, Miguel.

—Ya no me separaré más de ti, Catalina.

Tras el incendio de 1561, Valladolid había resurgido como una ciudad nueva y rica: palacios, iglesias, lujosas tiendas en la calle de la Platería, casas de tres plantas con alegres fachadas pintadas de azul y oro por orden real, la gran plaza Mayor con quinientos pórticos y dos mil ventanas… Mi casa, sin embargo, no tenía ningún esplendor y estaba en la barriada pobre del Rastro de los Carneros, junto al maloliente matadero, muy cerca del Hospital de la Resurrección, donde situé mi novela *El coloquio de los perros*.

La misma tarde de mi llegada a la ciudad fui a la tienda del librero Francisco de Robles. Abrí la puerta, sonó la campanilla y avancé al mostrador con la gruesa carpeta de hojas manuscritas.

—Aquí tenéis *El ingenioso hidalgo don Quijote de la Mancha*.

—¡Albricias, señor Cervantes!

Ya le había ido enviando por correo algunos pliegos manuscritos, y el librero esperaba con impaciencia que le entregara mi obra acabada. Hojeó los papeles y me dijo:

—Señor Cervantes, o yo no sé nada de libros, o la historia de este loco manchego se va a leer en todo el mundo.

Francisco de Robles me pagó 1600 reales, que sumados a los dineros de la herencia daban para vivir una buena temporada sin apuros, aunque no con sosiego, pues en casa había mucho ruido y poco espacio. En la planta baja había una taberna donde alborotaban los matarifes* y, a mi alrededor, en cuatro cuartos, seis mujeres que recibían continuas visitas de clientes y amigos en el taller de costura.

Mientras el *Quijote* se componía en Madrid en la imprenta de Juan de la Cuesta, escribí el prólogo, en el que no quise pedir perdón por las faltas y errores, como hacen todos los escritores, llenos de falsa modestia. Ni modestia ni falsedad: allí estaban mis *presonajes*, como decía Sancho, y sus *fazañas*, para que el lector simple no se enfadase, el melancólico se riese, el discreto se admirase de la invención y el grave no la despreciara.

A primeros de 1605 llegó a mis manos el libro de 664 páginas, impreso en papel barato. ¡Qué gusto y qué contento! Al leerlo en letras de molde era como si no lo hubiese escrito yo, y, como a un lector cualquiera, me hacían reír los disparatados sucesos de don Quijote y Sancho Panza.

El libro se vendía a ocho reales y medio, lo que costaban quince panes. No era barato, pero el librero no se equivocó, pues de todas partes le llegaban pedidos. Mi *Quijote* se leía en voz alta en universidades, casas particulares y mesones de los caminos, y muy pronto la flaca figura del caballero loco sobre el no menos flaco Rocinante, y la gruesa y baja estatura de su escudero sobre un asno se hicieron famosos en los desfiles de carnaval y en las fiestas de niños. Tan grande era su fama, que en marzo el libro se reimprimió y en mayo salieron cuatro ediciones sin mi autorización, dos en Valencia y dos en Lisboa, por las que, es claro, no recibí ni un mal maravedí.

No faltaban en Valladolid escritores que envidiaban la fama de mi libro y me miraban de soslayo,* pero era mucha más la gente que me paraba para alabarlo. Yo disfrutaba con todo aquello, aunque no por vanidad, que la había ido dejando en caminos y cárceles, sino por orgullo.

Una noche calurosa de finales de junio, cuando todos los de la casa dormían y había cesado el alboroto de los matarifes en la taberna de la planta baja, estaba yo escribiendo a la luz de una vela, en gozoso silencio, cuando de pronto oí bajo mi ventana voces de desafío, choque de espadas y gemidos de dolor.

—¡Voto a tal! ¡Tomad, traidor!

—¡Muere, embustero!

—¡Ladrón de honras!

—¡Ay! ¡Muerto soy!

Me asomé justo en el momento en que caía al suelo el bulto de un hombre doblado sobre sí mismo, al tiempo que su enemigo enfundaba un estoque* brillante y huía en la oscuridad con paso ligero. Ladra-

ron alarmados los perros. Bajé rápido a la calle para socorrer al herido y lo hallé encogido, sujetándose el vientre y un muslo, con las ropas empapadas de sangre.

–¡Confesión! –murmuró al sentirme a su lado.

La pendencia también había despertado a mis dos hermanas, a mi hija y a mi sobrina, y todas en camisón y con gorros de dormir, lo que les daba una apariencia fantasmal, bajaron en procesión a la calle y entre todos trasladamos al caballero malherido a una cama de la casa. Vestía ropas de seda y terciopelo, sombrero con plumas, cadena de oro al cuello y anillos en los dedos. Como vi que se desangraba, fui a buscar a un médico y a un confesor, que hicieron su trabajo. El herido era el caballero navarro don Gaspar de Ezpeleta. Se envió aviso a su casa y poco después del amanecer vinieron sus criados y se lo llevaron en litera a morirse en su lecho. A mi hermana Magdalena, que en todo ese tiempo no se había apartado de la cabecera de la cama, le regaló un anillo con un rubí.

A media mañana llegaron a casa tres alguaciles* impetuosos, golpearon la aldaba* y nos sacaron a todos, menos a Magdalena.

–¿Qué atropello es este? –protesté.

–Todos a la cárcel. Lo manda el juez Villarroel.

Nos llevaron a la prisión que está detrás del Hospital, el mismo siniestro caserón donde muchos años antes habían estado presos por deudas mi padre y mi abuelo. Para mí fue una humillación muy grande, y las mujeres de mi casa pasaron mucha vergüenza al verse entre guardas, sometidas a la curiosidad de vecinos y viandantes.

Nos tomaron declaración y nos encerraron, y yo volví a juntarme en un calabozo con ladronzuelos y criminales. Aquella tarde y al día siguiente el juez llamó a los vecinos a dar testimonio, de lo que entre verdades y rumores al final se sacó en limpio que nuestra casa no era muy honrada, pues las *Cervantas* recibían de día y de noche muchas visitas.

A los dos días de prisión, nos dejaron en libertad condicional. El caso era este: el caballero navarro don Gaspar de Ezpeleta era el amante de la esposa de un escribano amigo del juez Villarroel. Cuando el marido burlado no pudo sufrir más su deshonra, contrató a un matón para que diera muerte a su ofensor. Volvía el caballero navarro de cenar en una casa principal, sin escolta ni criados, cuando fue asaltado por el espadachín bajo mi ventana. Don Gaspar murió ya en su lecho antes de mediodía. ¿Quién lo había acuchillado y matado? En seguida corrió el rumor por toda la ciudad: el matador no podía ser otro que un sicario* pagado por el escribano. El crimen dejaba en mal lugar no sólo al escribano, sino al juez Villarroel. Así que, para protegerse, desvió las sospechas hacia mi persona y hacia las mujeres de mi casa. ¿No le había regalado Ezpeleta un anillo a mi hermana Magdalena antes de morir? ¿Era ella la amante del caballero navarro? ¿No era cierto que en casa de las *Cervantas* entraban y salían muchos caballeros? Podría ser que, para lavar la honra de mi hermana, yo hubiera contratado a un sicario para dar muerte a don Gaspar y luego toda la familia habríamos representado la comedia de socorrerlo. Tales eran las acusaciones que nos hacían.

Al caballero navarro se le hizo un funeral muy solemne y concurrido, y el cadáver fue enviado a su tierra. Dos semanas después otros escándalos atrajeron la atención de las gentes de Valladolid y entonces el juez dio carpetazo al asunto y nos declaró inocentes. Al escribano todo le salió bien: lavó su honor y no rindió cuentas a la justicia.

Este lamentable asunto y la noticia de que la Corte volvía a Madrid me decidieron aquel otoño de 1605 a levantar la casa. Al fin quedé varado en Madrid, la ciudad a la que siempre regresaba y que acabé por amar entrañablemente, aunque en mí no hubiera muerto del todo esa inquietud que me hacía buscar no sé qué en no sé donde.

Tres años después de instalarme en la capital supe que el conde de Lemos había sido nombrado virrey de Nápoles y solicité acompañarle formando parte de su séquito de secretarios y artistas. Para conseguir mi propósito, en 1610 llegué incluso a viajar a Barcelona para entrevistarme con el conde. Pero de nada me sirvió. El de Lemos eligió a otros escritores y poetastros. Yo quería volver a Nápoles, ¡la ciudad alegre y libre donde había pasado días felices de mi juventud! Otro sueño que se fue, como nube que pasa.

En Madrid la sombra negra de la muerte no dejó de sobrevolar el tejado de mi casa. A poco de llegar murió mi hermana Andrea de unas fiebres fulminantes, y un año después mi hermana Magdalena. Yo era ya un poetón viejo y desdentado, de barbas de plata, aunque no hacía veinte años habían sido de oro, algo cargado de espaldas y no muy ligero de pies. Tenía los achaques del sesentón, mi hija Isabel no me daba más que disgustos con sus turbulentos amoríos, los naipes no me eran favorables, notarios y deudores me perseguían con papeles, y nadie mostraba interés por representar mis comedias.

¡Ah, Miguel de Cervantes Saavedra!, me decía: eres un Rocinante viejo y quebrantado. Pero trabajaba mucho. Escribía de todo, poesías, novelas, entremeses, comedias y la continuación del *Quijote*, cuya primera parte se leía y reía en toda Europa. Lo había traducido Thomas Shelton al inglés en 1612 y Oudin al francés en 1614, y en España y América se habían vendido más de treinta mil ejemplares, pero, como diría Sancho, unos cardan la lana y otros llevan la fama, quiero decir, que el libro apenas me daba dinero y no me sacaba de apuros.

Para rematar las amarguras de la vejez, en 1614, nueve años después de la aparición del *Quijote*, tenía ya escritos más de cincuenta capítulos de la segunda parte, cuando salió una falsa segunda parte fir-

mada por un tal Alonso Fernández de Avellaneda, el muy bellaco y ladrón. Su *Quijote* estaba lleno de embustes: el caballero de la Triste Figura era un loco irreconocible al que encerraban en un manicomio de Toledo, y Sancho Panza era un escudero comilón y nada gracioso. Con todo, lo que más sentí fue que aquel plumífero de tres al cuarto me llamase manco y viejo, como si hubiera estado en mi mano detener el tiempo, o mi manquedad hubiera nacido en alguna taberna. Tanta insidia, tanta falsedad y robo tan descarado me dolieron mucho, y me obligaron a corregir algunas cosas y escribir de prisa el final de la historia del auténtico don Quijote. Porque don Quijote nació para mí, y yo para él, y somos los dos el uno para el otro. Y el verdadero don Quijote de la Mancha volvió a su casa vencido, pero vencedor de sí mismo, que es la mayor victoria que se puede alcanzar, y ya en la cama, rodeado del ama, su sobrina y sus amigos el cura, el barbero, el bachiller Sansón Carrasco y el bueno de Sancho, recobró la razón, dictó testamento y murió cristianamente.

Al fin, en diciembre de 1615, el libro salió a la venta, lo que me causó mucha satisfacción pero me dio pocos dineros. Con los reales que recibí como anticipo, alquilé la planta baja de una casa nueva en la calle de Francos, esquina a la del León, donde mis torpes pies no tenían que subir y bajar escaleras. ¡Malditas piernas!, que se me hinchaban y se quejaban a cada paso.

Ya en la nueva casa, dedicaba las mañanas a escribir las aventuras de Persiles y Segismunda, esa pareja de amantes que bajan en peregrinación desde las frías y salvajes tierras septentrionales* de Europa, y, venciendo mil peligros por mar y por tierra, recorren Portugal, España, Francia e Italia para llegar al final de su azaroso viaje a un punto feliz: Roma. *Vita est peregrinatio!* La vida es eso, un continuo viaje.

Cuando acababa de escribir, ya por la tarde, iba a una tertulia de escritores, y a tomar un vino en la taberna o jugar una partida de car-

tas en la trastienda de la libería de Robles, junto a la Puerta de Guadalajara. Aunque en el fondo siempre fui un hombre solitario, también he sido buen conversador, y siempre he disfrutado contando historias entretenidas que aderezaba con su pizca de humor, como quien echa pimienta al guiso.

A pesar de mi mala salud, volví a Esquivias con Catalina para resolver algunos asuntos. Vi el sol de marzo reanimar los campos yertos, y las cigüeñas en los campanarios, y la primavera que tocaba con sus dedos de flores los cerezos y las cunetas del camino.

En el viaje de vuelta vi a la muerte con su traje espantoso subirse al coche y sentarse a mi lado, de escolta. Era invisible, pero creo que también Catalina notó el roce de su túnica. A mitad del camino, nos encontramos con el embajador de Francia, que también se dirigía a Madrid. Los que formaban su séquito, apenas oyeron mi nombre, comenzaron a hacerse lenguas:

—¿De veras sois Miguel de Cervantes? —decían.

Y me repitieron muchas veces que mis obras se apreciaban mucho en Francia. Por eso les llamó la atención verme en mi estado: tan viejo como pobre.

—¿Cómo puede ser —se preguntaban— que a un escritor tan valioso como vuestra merced no le tenga España muy rico y sustentado del erario público?

No supe qué responder. Pero ahora pienso que tal vez sea mejor que los poetas y escritores seamos pobres y desventurados, porque si fuéramos ricos y felices, ¿para qué nos íbamos a encerrar a trabajar a solas y a pensar en las cosas extrañas que les pasan a los hombres?

Con eso hace unos cuantos días que volví a casa, y rematé el *Persiles* con muchas prisas, pues ya sentía que el tiempo es breve, las ansias crecen y las esperanzas menguan. Luego me metí en la cama, con la sospecha de que me estaba yendo camino de la sepultura.

—¡Agua, agua fresca! —grito, aun a sabiendas de que esta sed mía es insaciable.

Catalina me da de beber y se sienta a la cabeza de la cama.

—Luce un sol muy hermoso en Madrid.

—¿Qué día es hoy? —le pregunto.

—Miércoles, veinte de abril.

Luego, acariciándome la frente, me pregunta:

—¿Qué pasa ahora por esta cabeza?

—Estaba pensando en unas novelitas que suceden en Nápoles. Se han de titular *Las semanas del jardín*.

Pero pienso otra cosa más grave: que de esta vida a la otra hay gran salto... ¿Qué me quedan, dos, tres días? La vela se apaga. ¡Adiós gracias, adiós donaires, adiós, regocijados amigos!

Miguel de Cervantes Saavedra murió en Madrid el viernes 22 de abril de 1616, a los 68 años de edad, según consta en el libro de registros de la parroquia de San Sebastián. Al día siguiente, sábado 23, fue enterrado, con el rostro descubierto y el hábito pardo de los franciscanos, en el convento de las trinitarias descalzas que se encontraba a unos metros de su casa. Sus restos se perdieron al reconstruirse el convento a finales del siglo XVII.

Su mujer, Catalina de Salazar, murió diez años después. La única hija de Miguel Cervantes, Isabel de Saavedra, nacida de su relación con la tabernera Ana Franca, murió sin descendencia en 1652.

ɘ̀ɐ   ɘ̀ɐ   ɘ̀ɐ

VOCABULARIO

aldaba: picaporte.

alguacil: empleado de un ayuntamiento que ejecuta las órdenes del alcalde.

arboladura: conjunto de palos o mástiles de un barco.

ábrego: viento sur o sudoeste.

arcabuz: arma de fuego antigua parecida al fusil.

bajá: entre los turcos, 'virrey'.

bajel: barco.

barrunto: asomo, atisbo, indicio de alguna cosa.

bergantín: barco de vela de dos mástiles.

canónigo: eclesiástico que tiene un cargo o disfruta de ingresos adicionales en una catedral.

cetrino: de rostro aceitunado, de color amarillo verdoso.

chusma: conjunto de los galeotes que remaban en una galera.

converso: musulmán o judío convertido al cristianismo. Los conversos estaban muy mal vistos por la sociedad en el Siglo de Oro y no tenían acceso a muchos cargos públicos.

corsario: pirata corso.

corso: persecución y saqueo de barcos llevados a cabo con autorización del gobierno.

crujía: espacio central de la cubierta de un barco.

cupo: cantidad de dinero o de provisiones con que quienes están obligados a ello contribuyen a una obligación.

entremés: pieza de teatro humorística en un solo acto que solía representarse en dos actos.

epístola: carta.

estibador: persona encargada de disponer la carga en un barco.

estoque: espada estrecha con la que sólo se puede herir con la punta.

expolio: robo.

farándula: teatro.

fragata: barco de vela de tres palos.

fullero: tramposo.

galeón: barco de vela antiguo parecido a la galera.

galeote: persona condenada a remar en galeras.

galera: barco antiguo de vela y remo.

garito: local donde se juega clandestinamente a juegos de azar.

grilletes: especie de argollas con que se encadenaban los pies de los presos.

hidropesía: acumulación anormal de agua en los tejidos.

legua: unos 5,5 km.

lisonjear: halagar.

malaria: enfermedad producida por un microbio inoculado por ciertos insectos.

maravedí: moneda antigua de escaso valor.

matarife: persona que mata y descuartiza las reses en el matadero.

mazmorra: calabozo subterráneo.

mecenazgo: protección ejercida por una persona poderosa sobre un artista o escritor.

muecín: sacerdote que convoca a la oración entre los musulmanes.

paso: obra dramática corta, de carácter cómico, creada por Lope de Rueda.

pecio: resto de una nave naufragada o de lo que iba en ella.

periplo: viaje de circunnavegación.

polaina: prenda de cuero con que se cubre la pierna desde el tobillo a la rodilla.

pulular: abundar o moverse por un sitio las personas.

renegado: persona que ha renunciado a su religión o a sus creencias.

rufián: chulo, hombre que trafica con prostitutas.

sangrar: quitar.

septentrional: del norte.

sicario: asesino a sueldo.

silo: construcción destinada a almacenar granos.

soldada: sueldo que los soldados cobraban al mes.

soslayo, de: de lado, oblicuamente.

tercio: cuerpo de infantería de los siglos XVI y XVII que equivalía al actual regimiento.

termas: baños públicos de los antiguos romanos.

túmulo: sepultura que sobresale del suelo.

valija: maleta.

vicario: cura párroco.

zalamero: persona que acaricia o halaga a otra con mimo.

1 El **conde de Lemos** fue don Pedro Fernández de Castro (1576-1622), virrey de Nápoles entre 1610 y 1616 y protector de diversos escritores, como Cervantes, Lope de Vega y Góngora. Cervantes le dedicó las *Novelas Ejemplares*, la *Segunda parte del Quijote*, *Ocho comedias* y el *Persiles*.

2 **Esquivias** es un pueblo que está a medio camino entre Madrid y Toledo.

3 La **Inquisición** fue un tribunal religioso creado por los Reyes Católicos para averiguar y castigar los delitos contra la fe católica.

4 **Arganda del Rey** es un pueblo próximo a Madrid.

5 **Carlos V** (1550-1558) era hijo de Felipe el Hermoso y de Juana la Loca. Rey de España desde 1516 y emperador del Sacro Imperio desde 1530, dejó el imperio español y su herencia paterna de los Países Bajos a Felipe II.

6 **Lope de Rueda** (¿1505?-1565) fue célebre como dramaturgo, por la invención de los pasos o entremeses, y en su calidad de actor y empresario teatral, por ser uno de los pioneros del teatro público itinerante en España.

7 **Felipe II** (1527-1598) fue hijo de Carlos V e Isabel de Portugal. Durante su reinado (1555-1598) se enfrentó y venció a Francia y a los Estados Pontificios, disputó al Imperio Turco la hegemonía del Mediterráneo en la batalla de Lepanto, sostuvo una larga guerra con Flandes e intentó sin éxito invadir Inglaterra con una poderosa escuadra, que fue derrotada y dispersada finalmente por las tempestades.

8 **Juan López de Hoyos** (1511-1583) fue el maestro de Cervantes en el Estudio de la Villa de Madrid, que regentaba, y le transmitió la herencia humanista de Erasmo, cuya obra fue prohibida por la Inquisición desde 1557.

9 Con sus églogas y sonetos, el escritor español **Garcilado de la Vega** (1501-1536) aporta una nueva dimensión a la poesía castellana, en la que su gran influencia se deja sentir a lo largo de los siglos XVI y XVII, hasta alcanzar a la misma generación de 1927.

10 **Miguel Ángel** (1475-1564), uno de los más destacados y completos artistas del Renacimiento italiano, fue arquitecto de renombre, pintor célebre sobre todo por la bóveda de la capilla Sixtina en el Vaticano, y uno de los mejores escultores de la historia.

11 El italiano **Boccaccio** (1313-1375) fue humanista, poeta y prosista, célebre por las cien novelas cortas de *El Decamerón*. El poeta **Dante** Alighieri (1265-1321) idealizó en verso a su amada Beatriz y fue autor de una de las obras maestras de la literatura universal, la *Divina Comedia*. Francesco **Petrarca** (1304-1374) fue un humanista y poeta muy destacado del Renacimiento que influyó grandemente a los poetas españoles del siglo XVI con su *Cancionero* amoroso a Laura.

12 **Julio Acquaviva** era miembro de una de las familias romanas más nobles y poderosas, y fue amigo de los Colonna, también relacionados con Cervantes, quien dedicó *La Galatea* a Ascanio Colonna.

13 El **Gran Turco** era el Sultán de Turquía, que, en época de la batalla de Lepanto, era Selim II, hijo de Solimán el Magnífico.

14 **Juan de Austria** (1545-1578) era hijo natural de Carlos V y de Bárbara Blomberg, y fue el más famoso y querido general del ejército español de la época, lo que suscitó la envidia de su hermanastro Felipe II. Capitaneó el combinado de fuerzas cristianas que venció a los turcos en Lepanto. Cervantes lo admiraba.

15 El **golfo de Lepanto** se halla en la costa griega de Morea, y da nombre a la célebre batalla y victoria contra los turcos. La flota turca era superior en número de naves y de combatientes, pero inferior en armamento, pues la cristiana tenía el triple de cañones, y sólo 3.000 jenízaros disponían de arcabuces, mientras que el resto sólo contaba con arcos y flechas. De hecho, en la batalla murieron 12.000 cristianos y 23.000 turcos. **Alí Bajá** o Alí Pachá era el almirante de la flota turca.

16 **Navarino** era el nombre italiano de la ciudad fortificada griega de Pilos, en Mesenia, al sur del Peloponeso.

17 **Barbarroja**, o Jayr Al-Din, era un renegado de origen griego que se convirtió en el azote de la flota española, al unir sus fuerzas con las de los franceses, hasta su muerte en 1546. Quien apresó a su hijo, aunque en realidad era su nieto, Mohamed Bey, fue don Álvaro de Bazán. Cervantes lo cuenta así: "Era tan cruel el hijo de Barbarroja y trataba tan mal a sus cautivos que, así como los que venían al remo vieron que la galera *Loba* les iba entrando y que los alcanzaba, soltaron todos a un tiempo los remos y asieron de su capitán, que estaba sobre el estanterol gritando que bogasen apriesa, y pasándole de banco en banco, de popa a proa, le dieron bocados, que a poco más que pasó del árbol ya había pasado su ánima al infierno: tal era, como he dicho, la crueldad con que los trataba y el odio que ellos le tenían" (*Quijote*, I, 39).

18 El **Uchalí**, o Euldj Alí, era un renegado calabrés que fue bajá de Trípoli, Argel y Túnez, y salvó el ala izquierda bajo su mando en la batalla de Lepanto, por lo que fue nombrado General del Mar. Conocido homosexual, su querido era Hasán Bajá, renegado veneciano, que le sucedió en el cargo de virrey de Argel cuando Cervantes estuvo allí cautivo.

19 La **Goleta** era la isla y fortaleza que protegía el puerto de Túnez; fue tomada por los turcos en agosto de 1574.

20 **Flandes** es una región de los Países Bajos, hoy dividida entre Francia, Bélgica y Holanda. Carlos V heredó Flandes de su abuelo Maximiliano, y este territorio fue escenario de sucesivas guerras libradas por su autonomía o independencia en época de Carlos V y Felipe II.

21 El tercer **duque de Alba** fue Fernando Álvarez de Toledo (1508-1582), famoso militar español al servicio de Carlos V y Felipe II. Entre 1567 y 1573 fue gobernador y jefe del ejército de Flandes, donde actuó con energía pero con escasa habilidad política. Su fracaso en Flandes le llevó a pedir el relevo del mando al rey.

22 **Berbería** es el nombre aplicado tradicionalmente a la parte noroeste de África entre el Mediterráneo y el Sáhara.

23 Tanto los frailes **mercedarios** como los **trinitarios** se dedicaban a recaudar dinero para rescatar cautivos.

24 **Constantinopla** era el nombre de la antigua Bizancio, hoy Estambul, capital del imperio turco.

25 Los **luteranos** eran los seguidores de Lutero, quien se enfrentó en 1517 a la doctrina oficial de la Iglesia y a la autoridad del Papa, lo que acabó originando varias guerras de religión.

26 Los **corrales de comedias** de **la Cruz** y **el Príncipe** fueron inaugurados respectivamente en 1570 y 1582, aunque ya existían tres corrales de comedias anteriores.

27 **Lope de Vega** (1562-1635) fue el verdadero creador de la comedia nueva, en franca ruptura con el teatro clásico que le precedió. Famoso por sus amores y sus escritos, destacó en poesía y teatro por la calidad y abundancia de su producción, pues se le atribuyeron 1.500 comedias. Fue enemigo de Cervantes desde 1602 en adelante.

28 Se refiere a la *Poética* de **Aristóteles** (384-322 a. de C.), que marcó las reglas de la tragedia durante siglos. Lope rompió con ellas, aunque sólo parcialmente.

29 La casa de los **Salazar** pertenecía a la familia de la mujer de Cervantes. Se conserva en Esquivias y puede visitarse.

30 **Ulises** es uno de los personajes principales de la *Ilíada* de Homero y el protagonista de la *Odisea*. En este último libro, Ulises sufre una larga y accidentada travesía por todo el Mediterráneo hasta que consigue regresar a su reino.